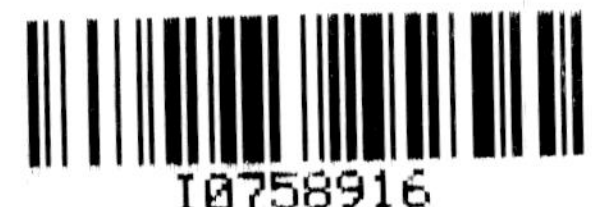

Fleurs
Et
Animaux
Domestiques

Livre De Coloriage Pour Adulte

Droits D'auteur © BR Famille
heureuse Éditeur

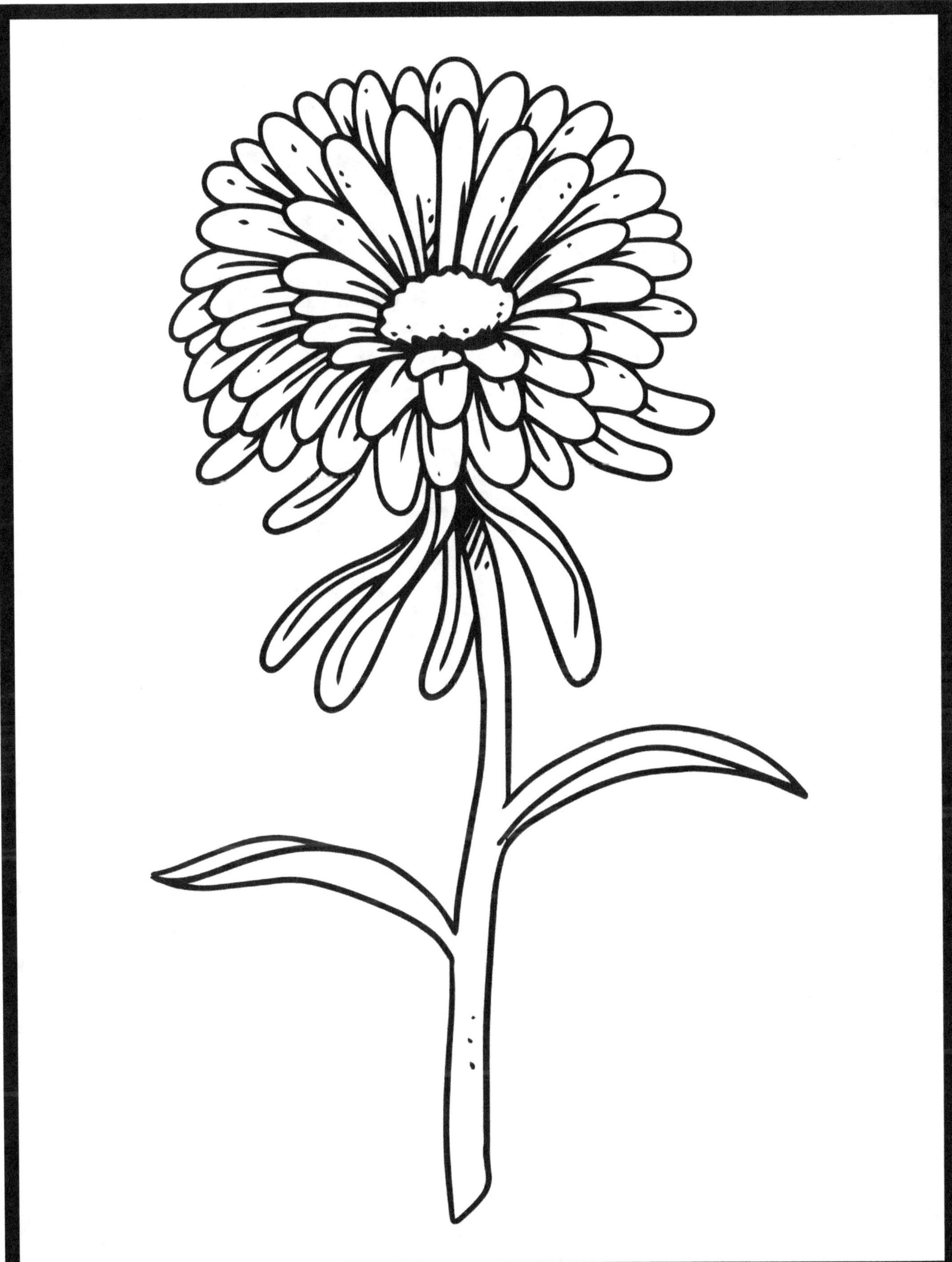

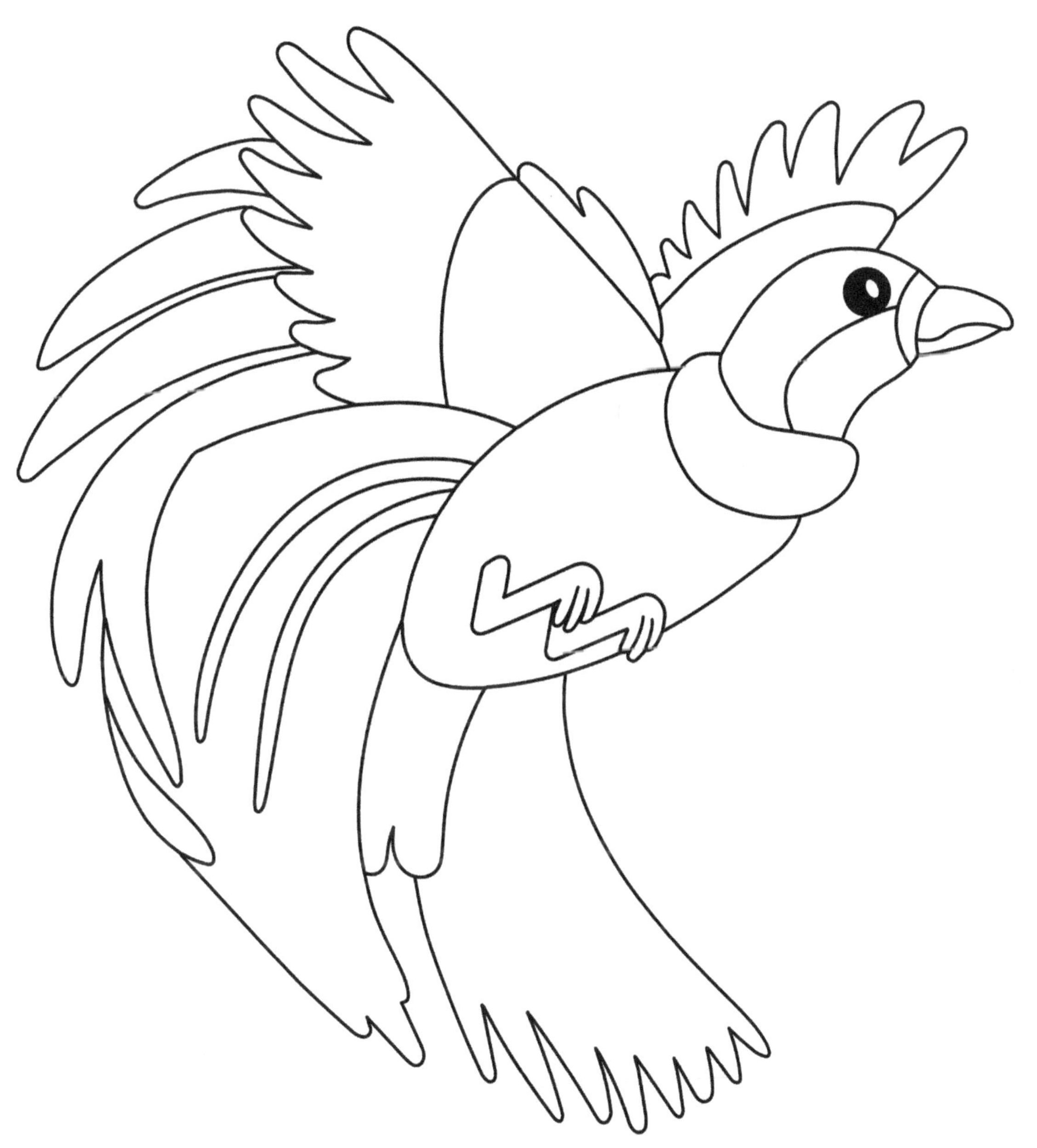

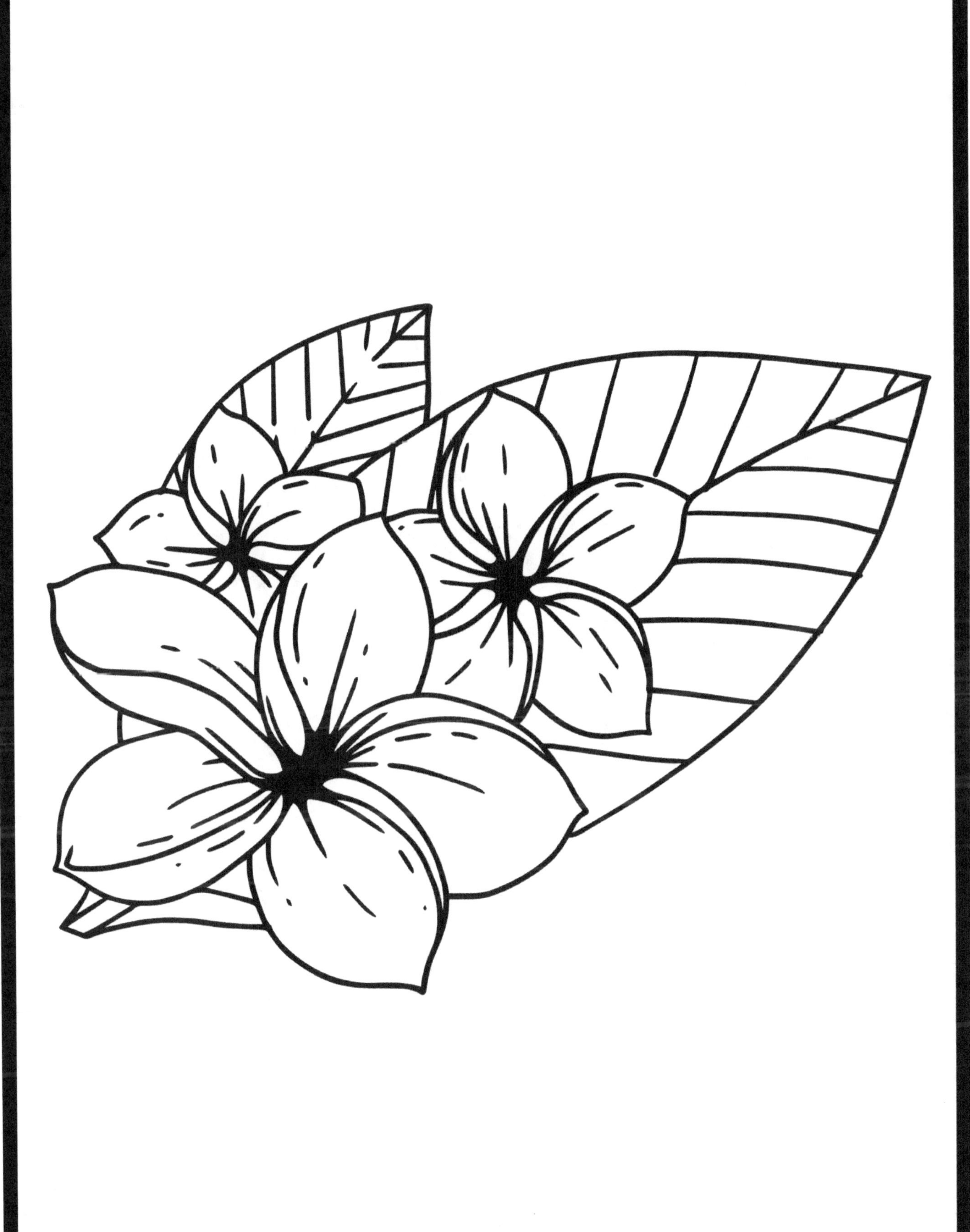

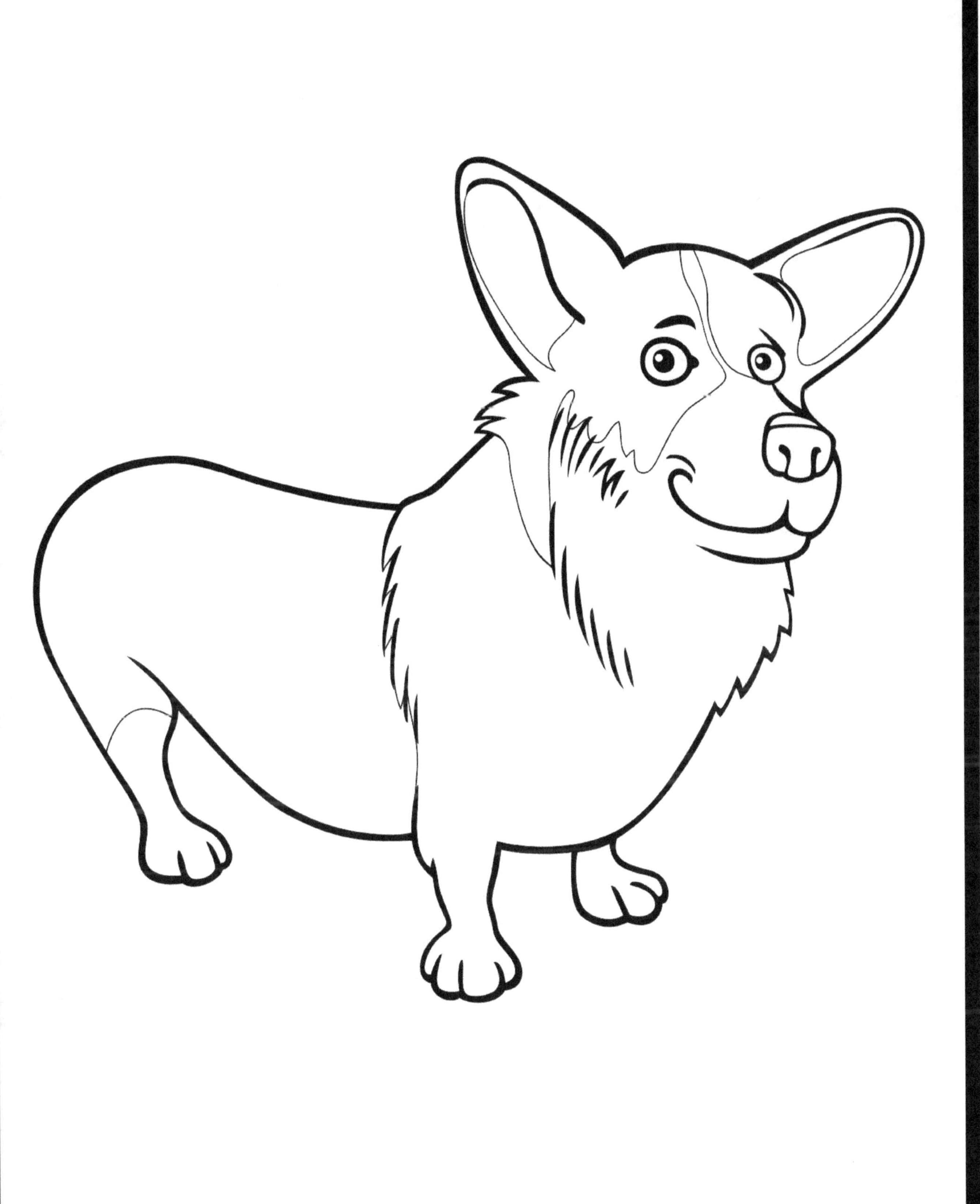

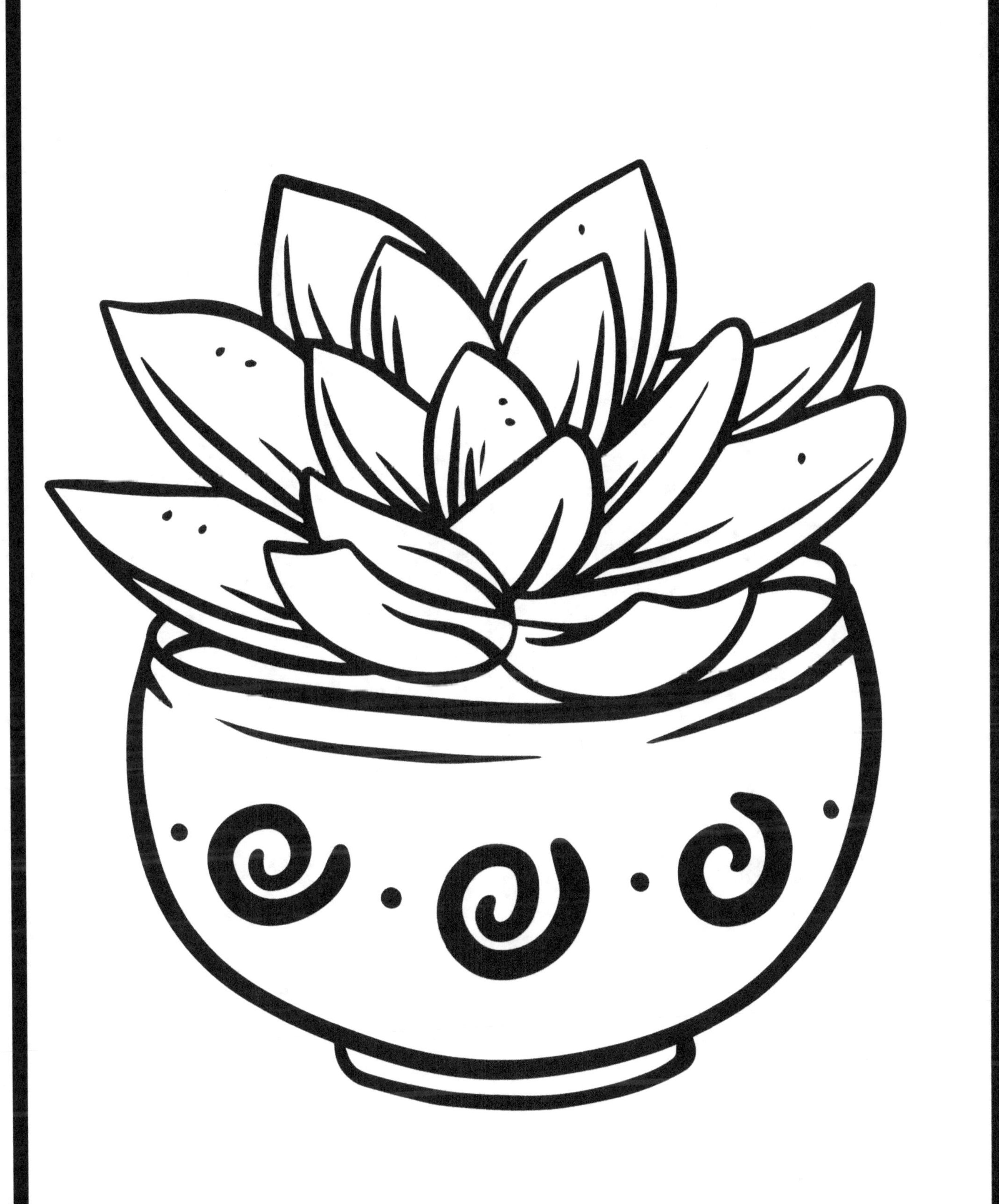

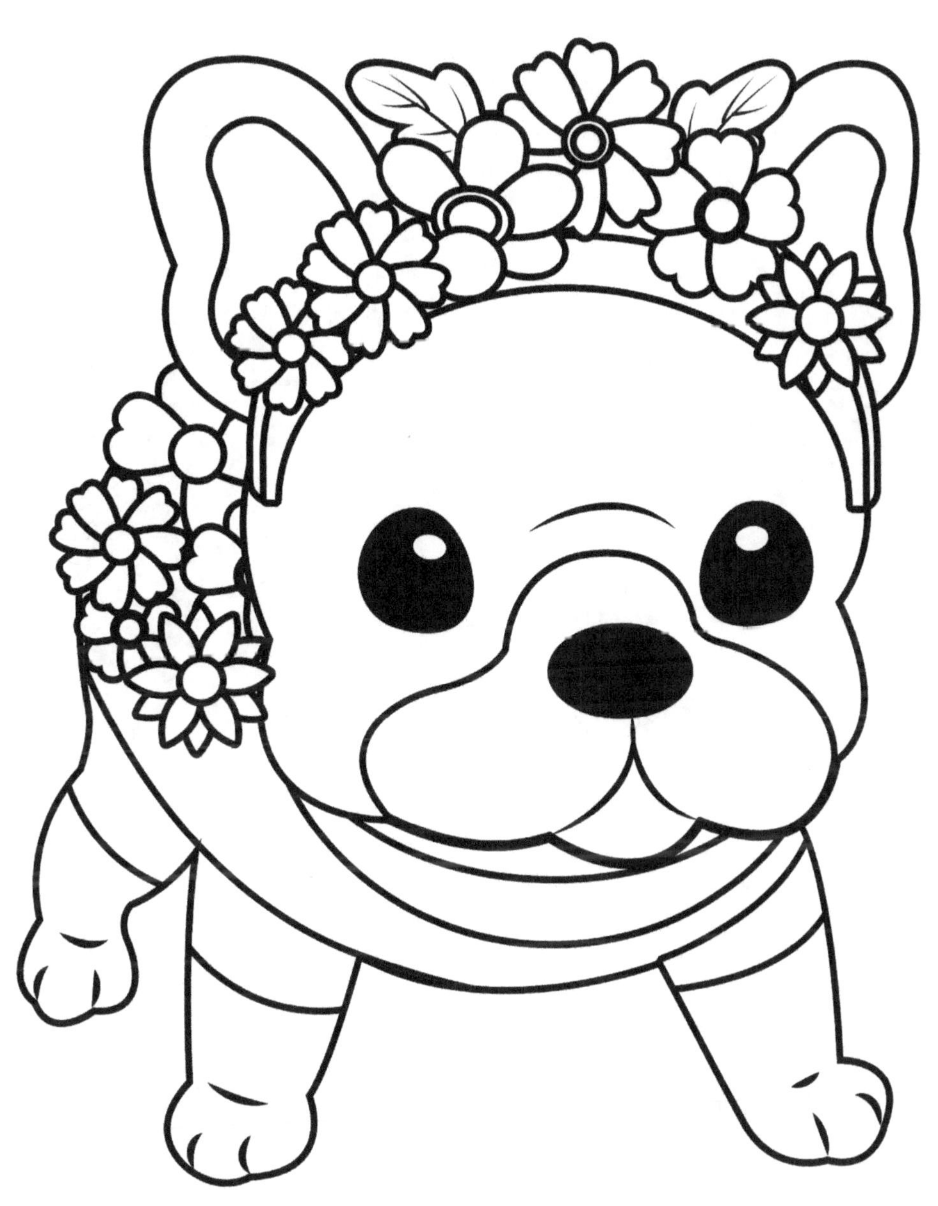

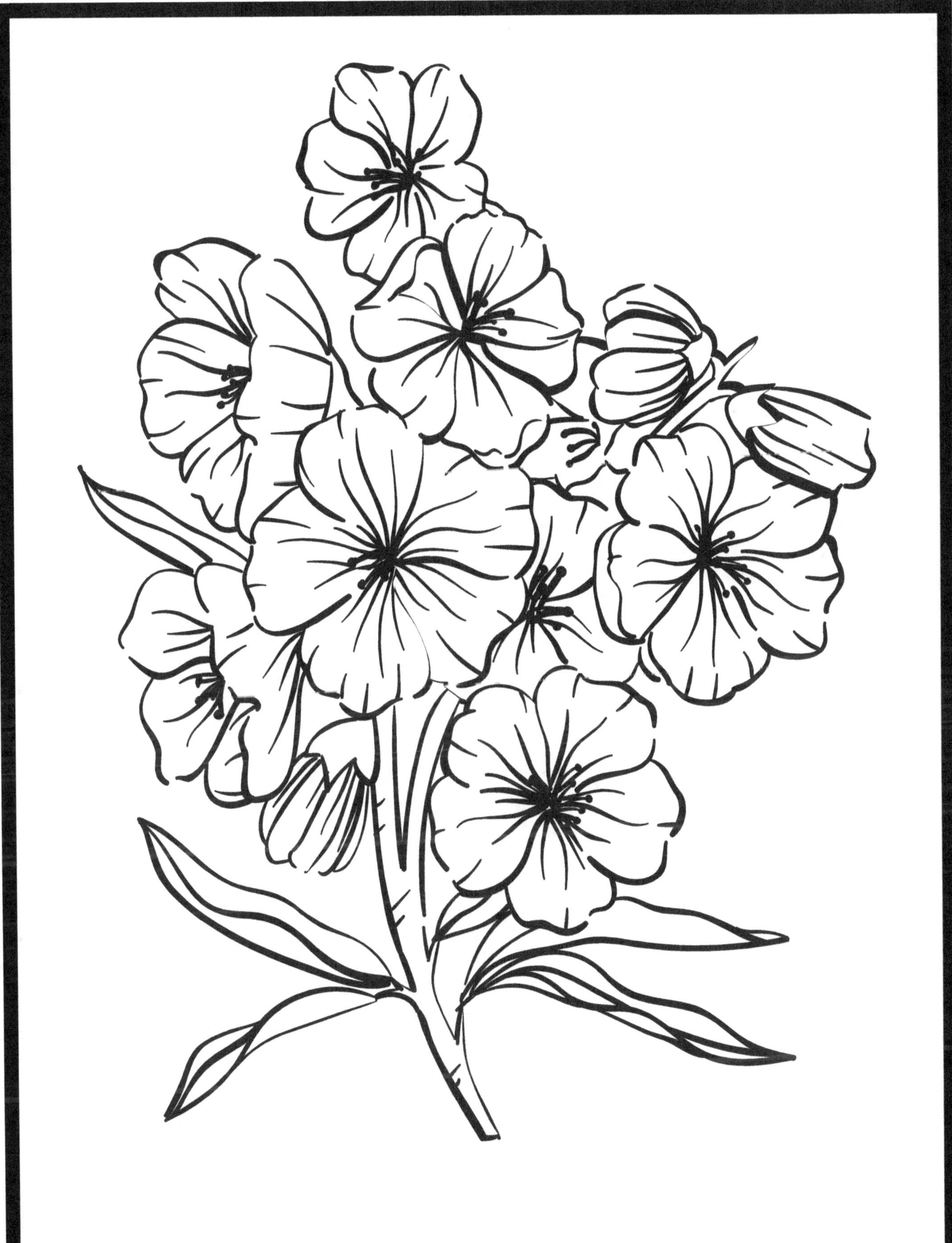

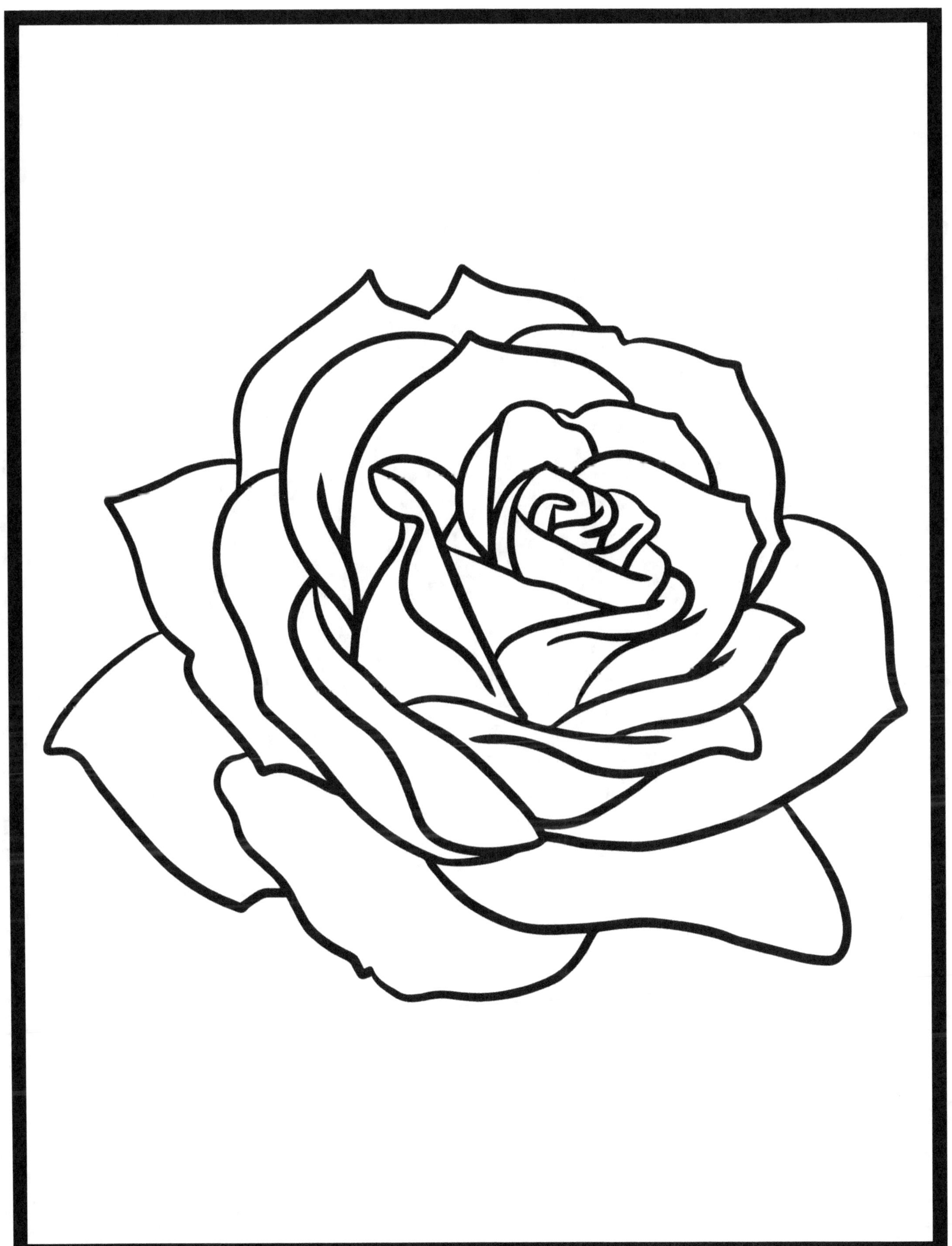

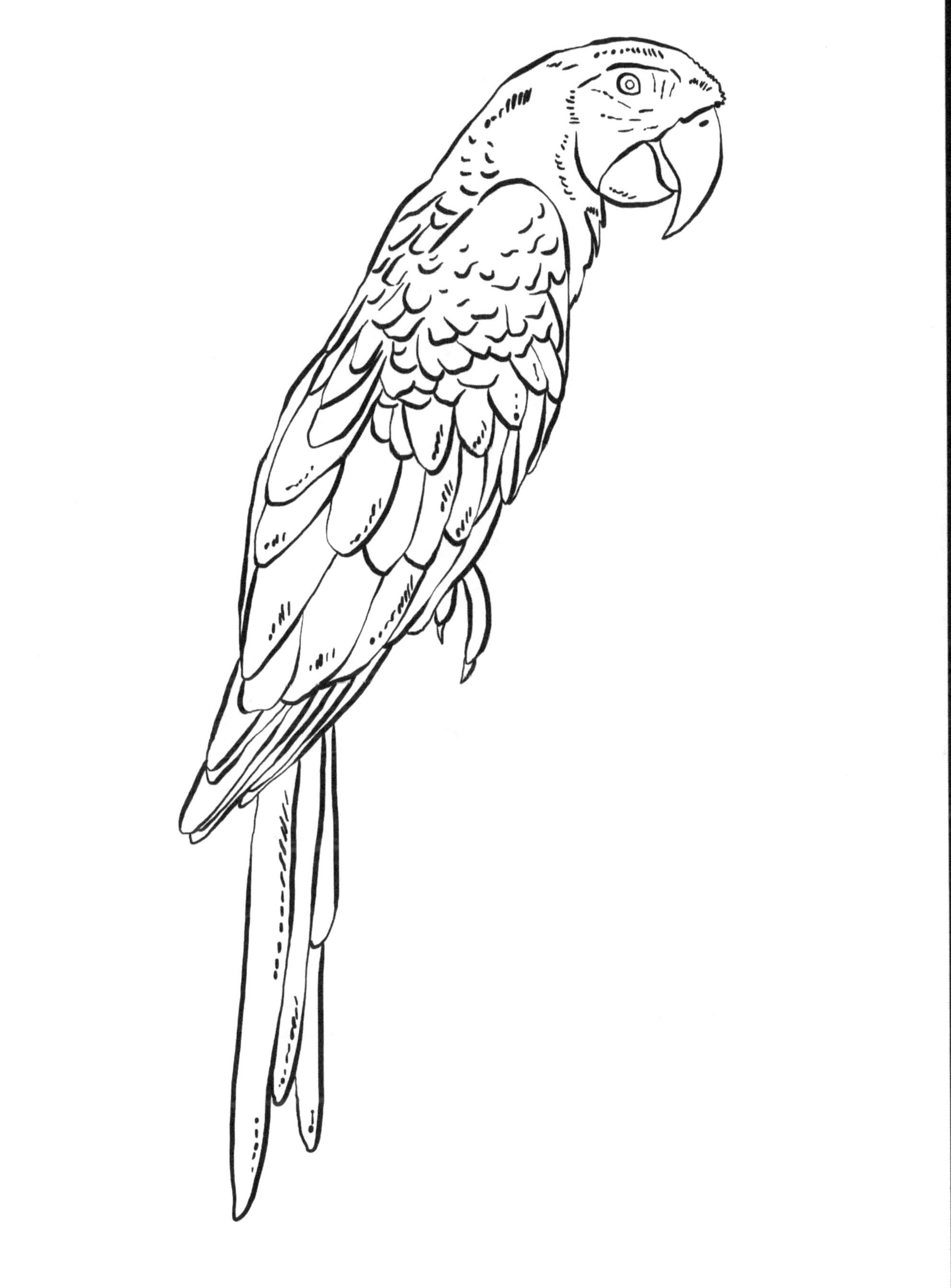

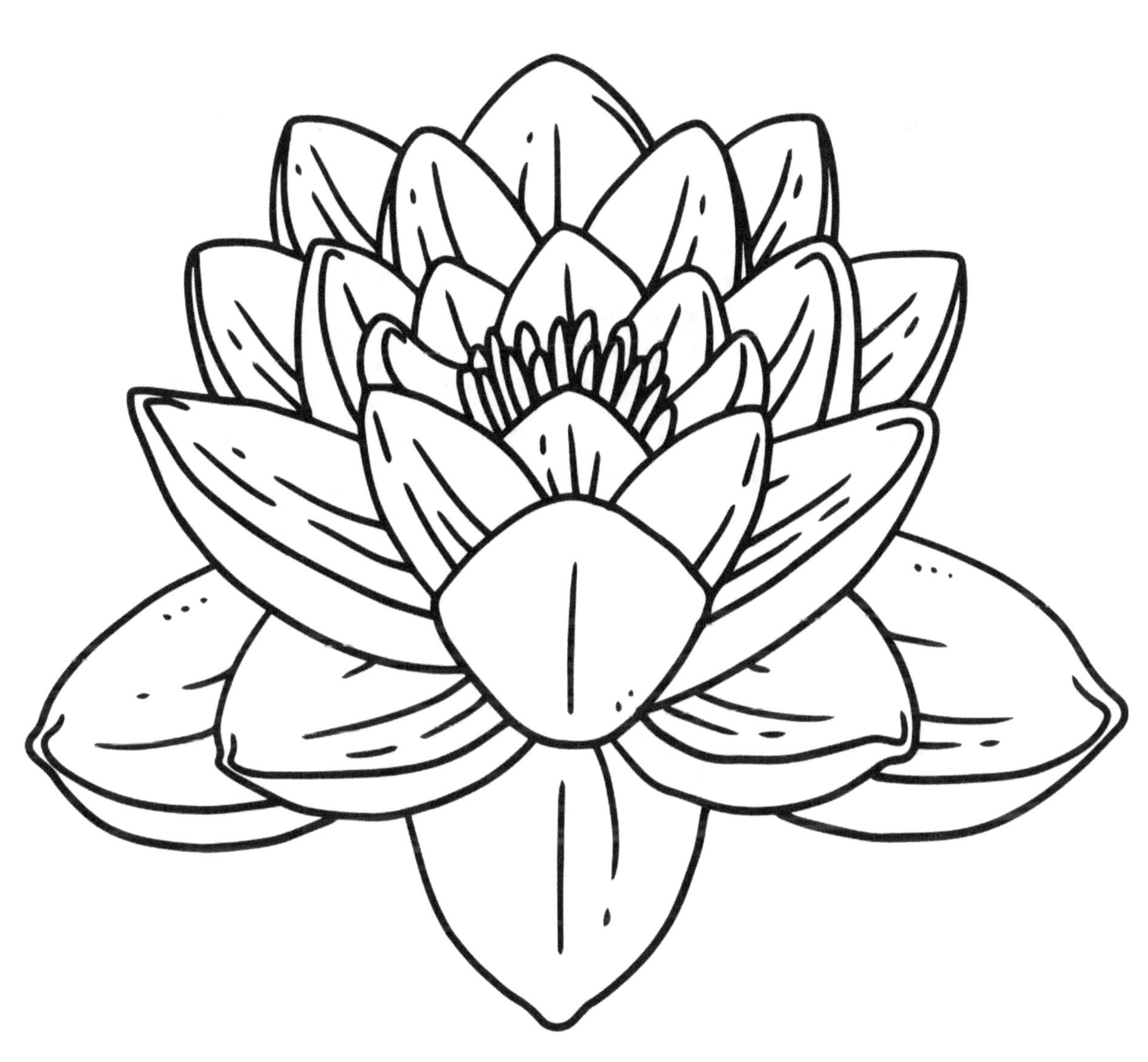

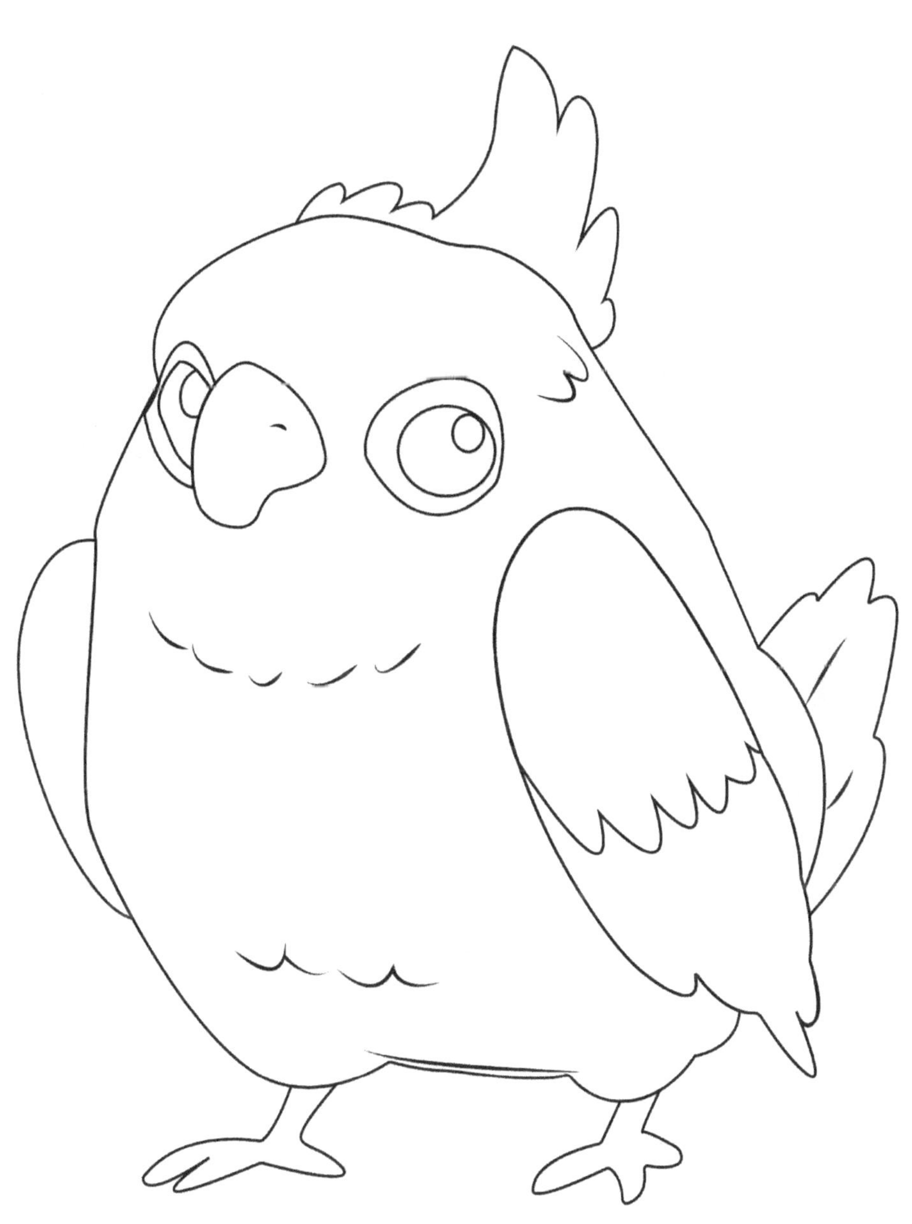

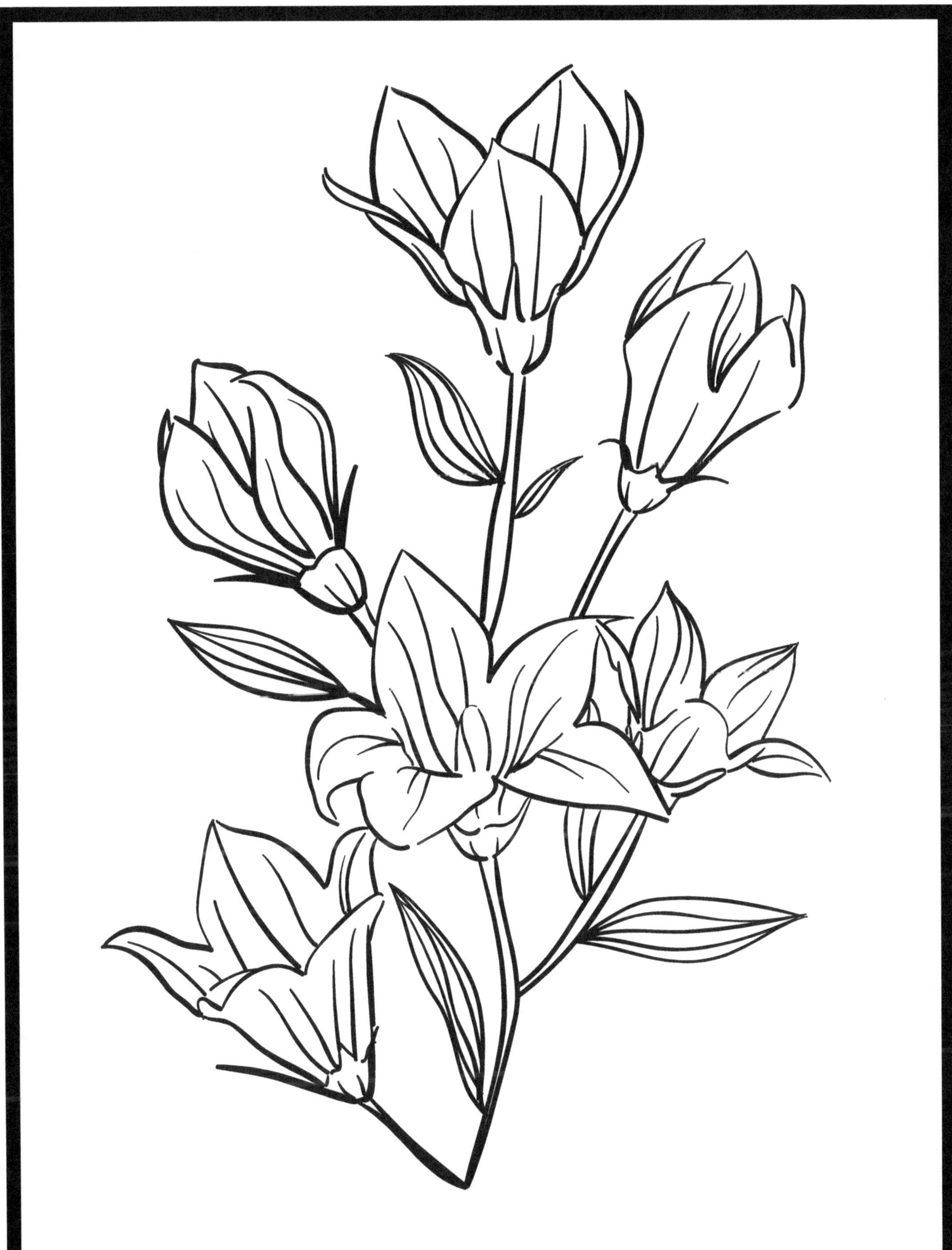

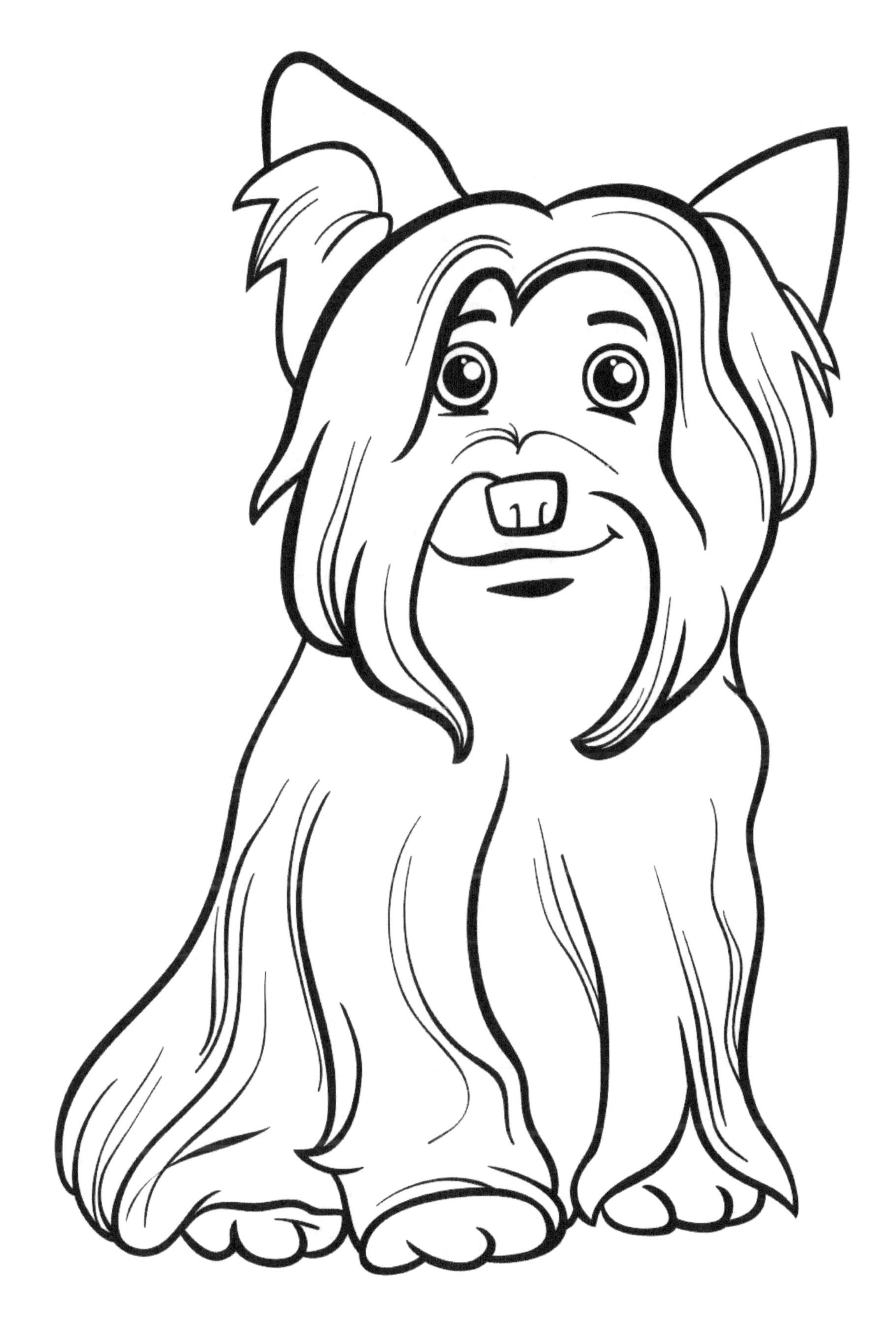

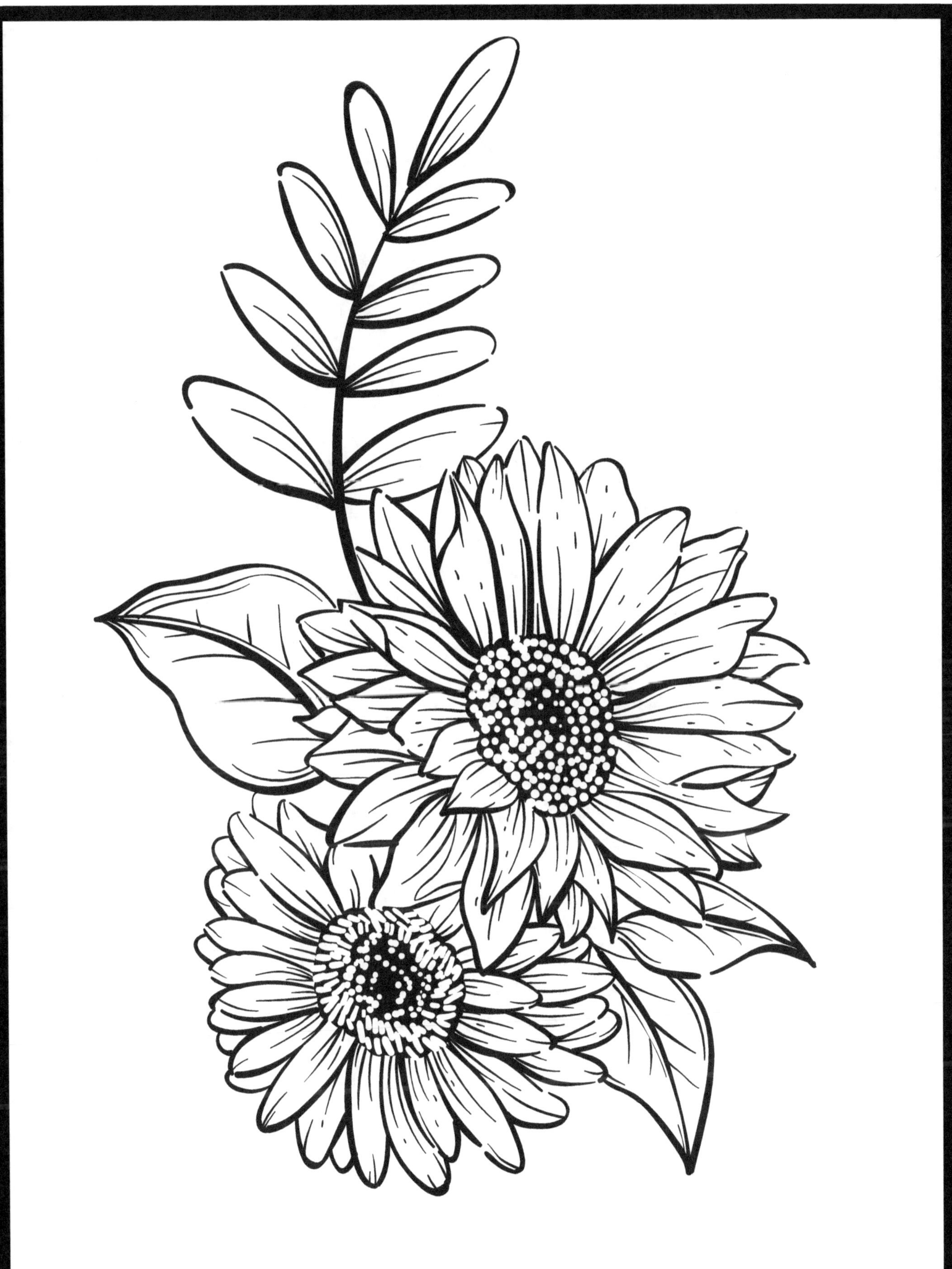

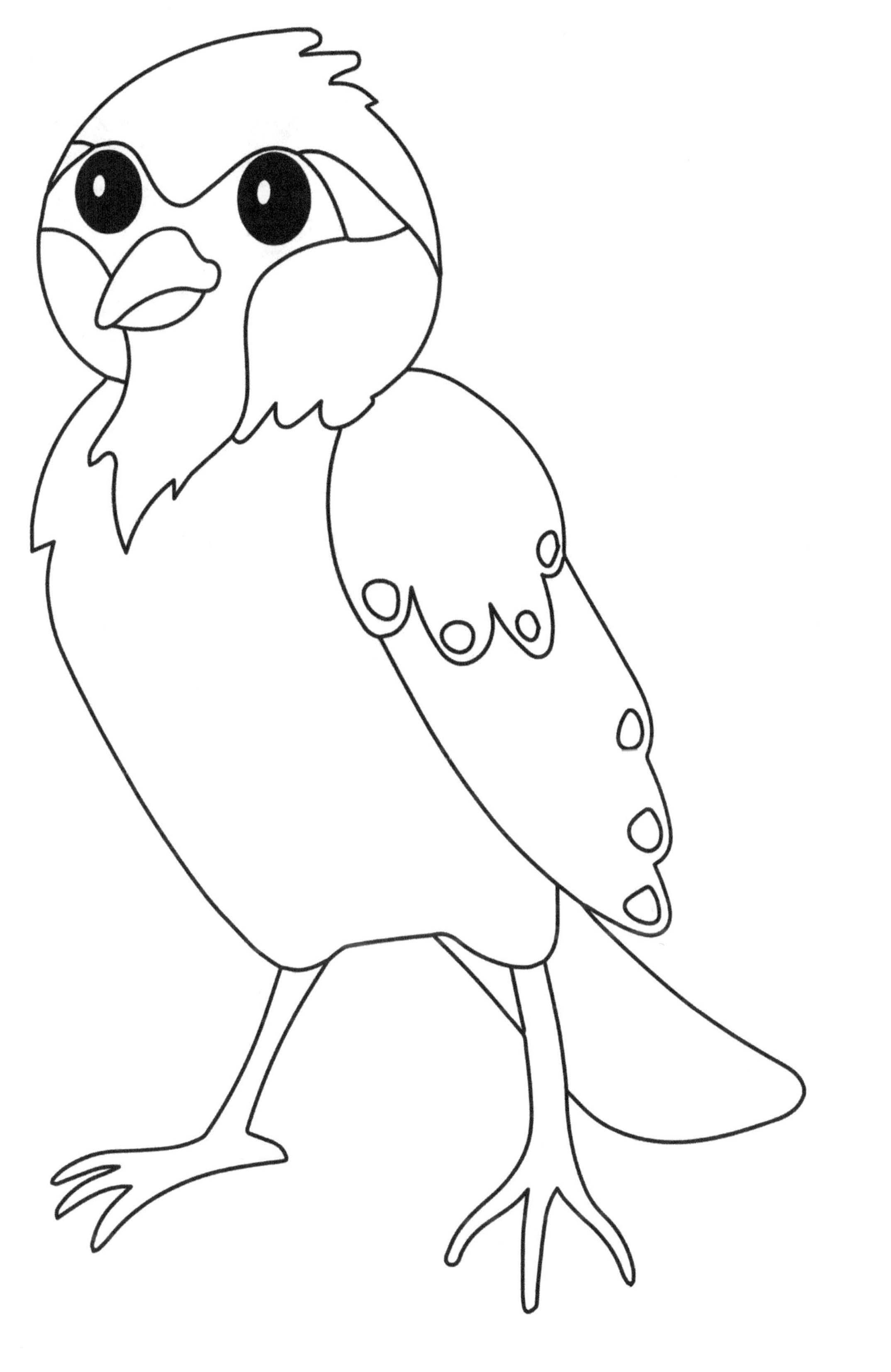

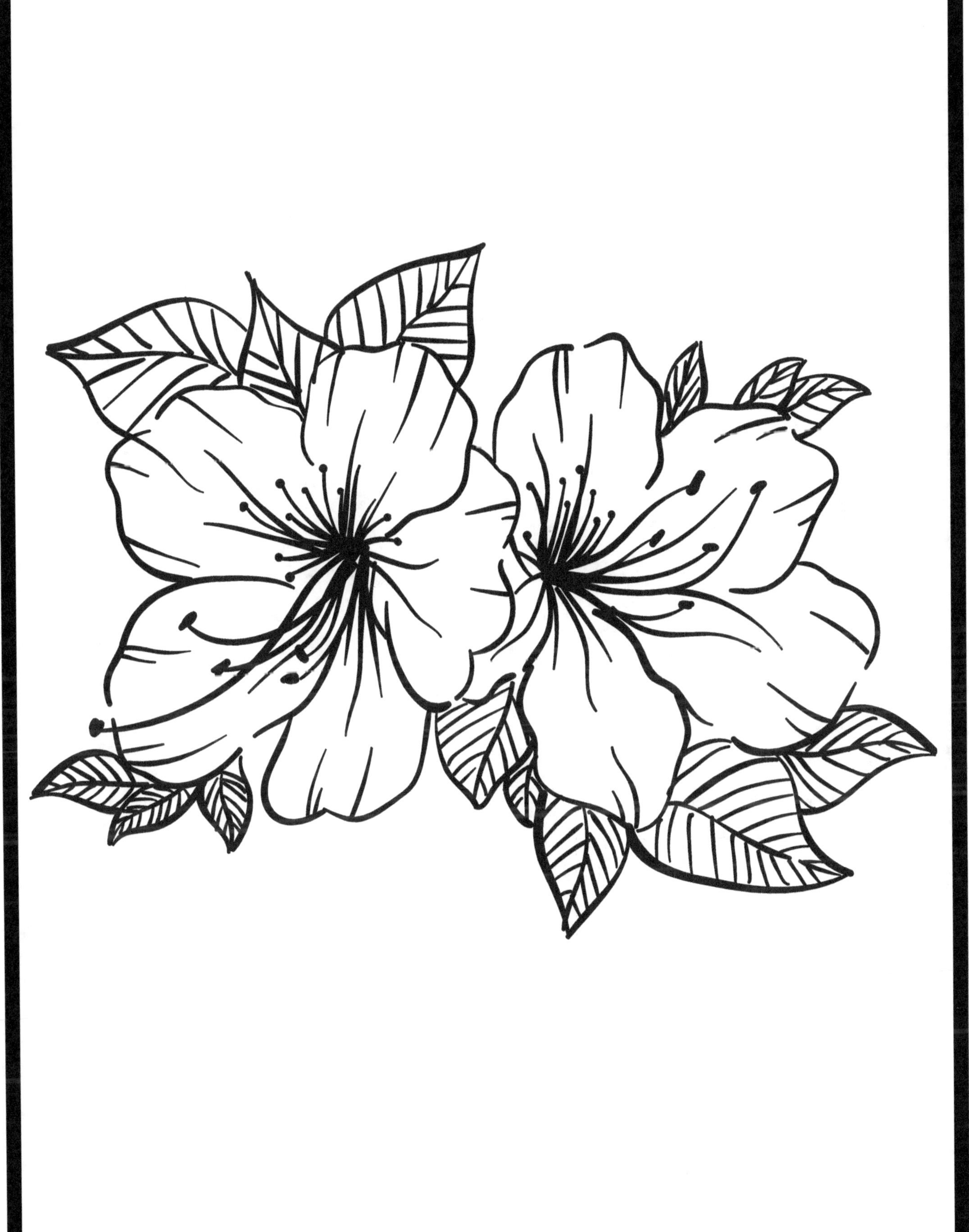

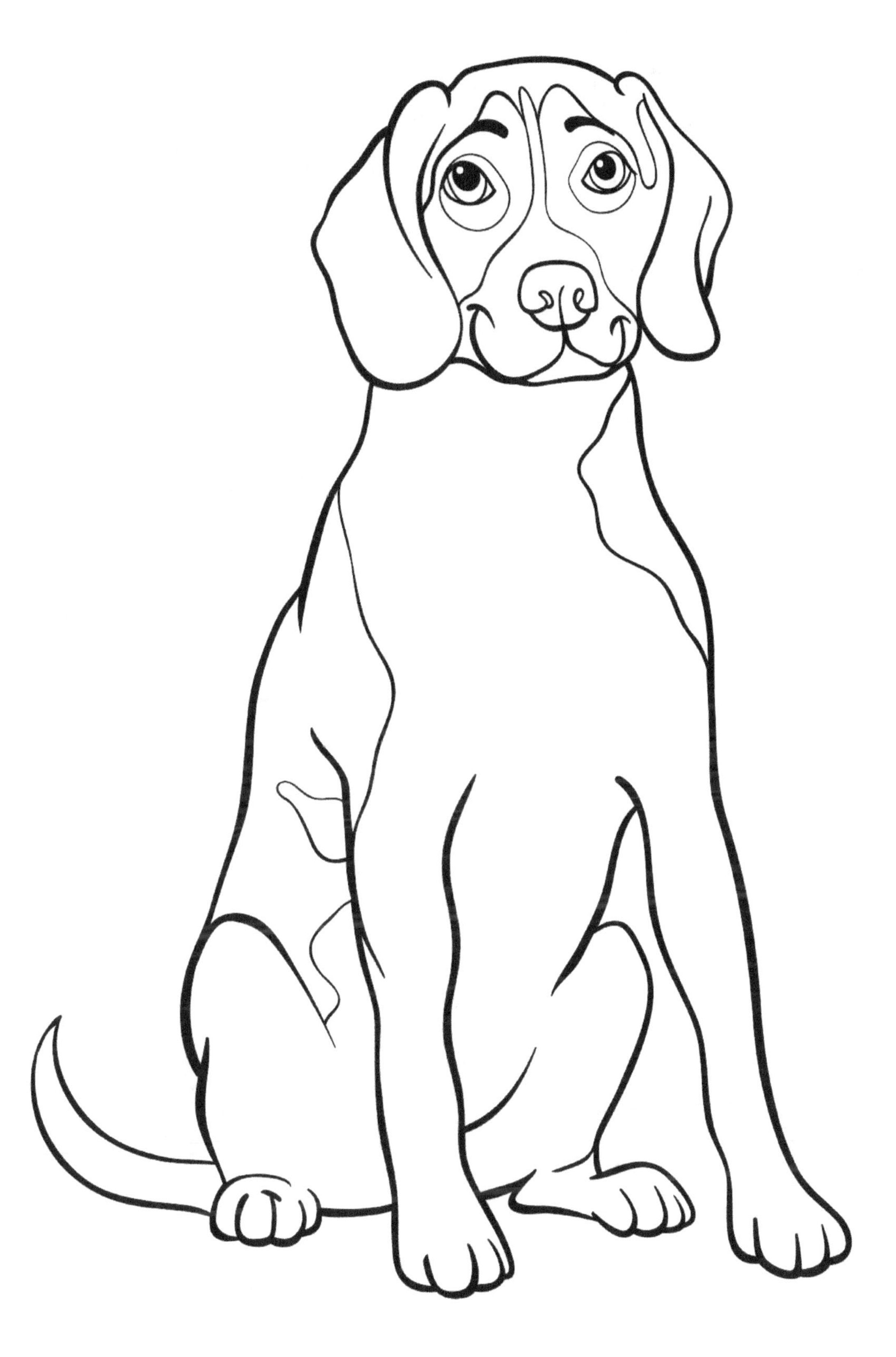

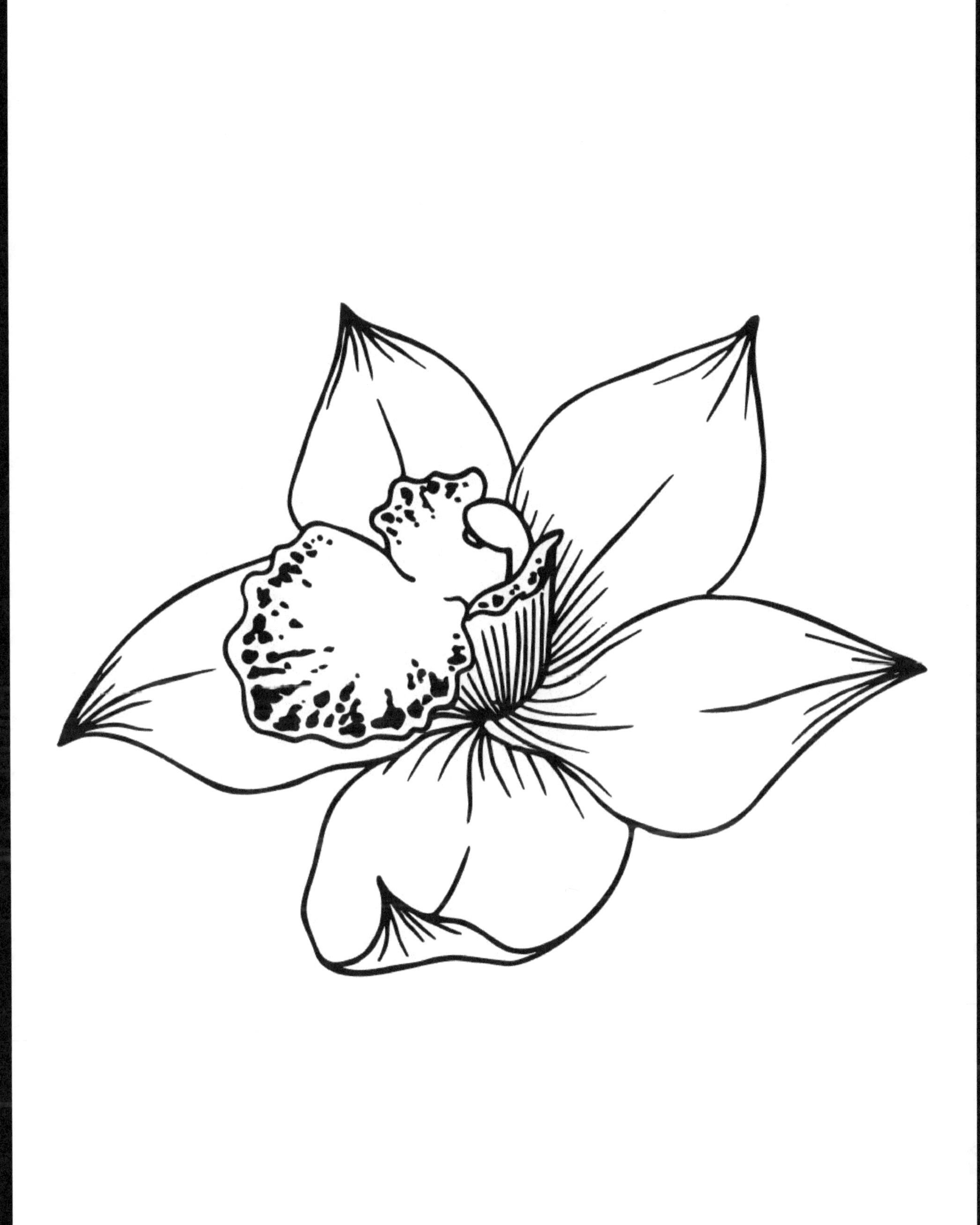

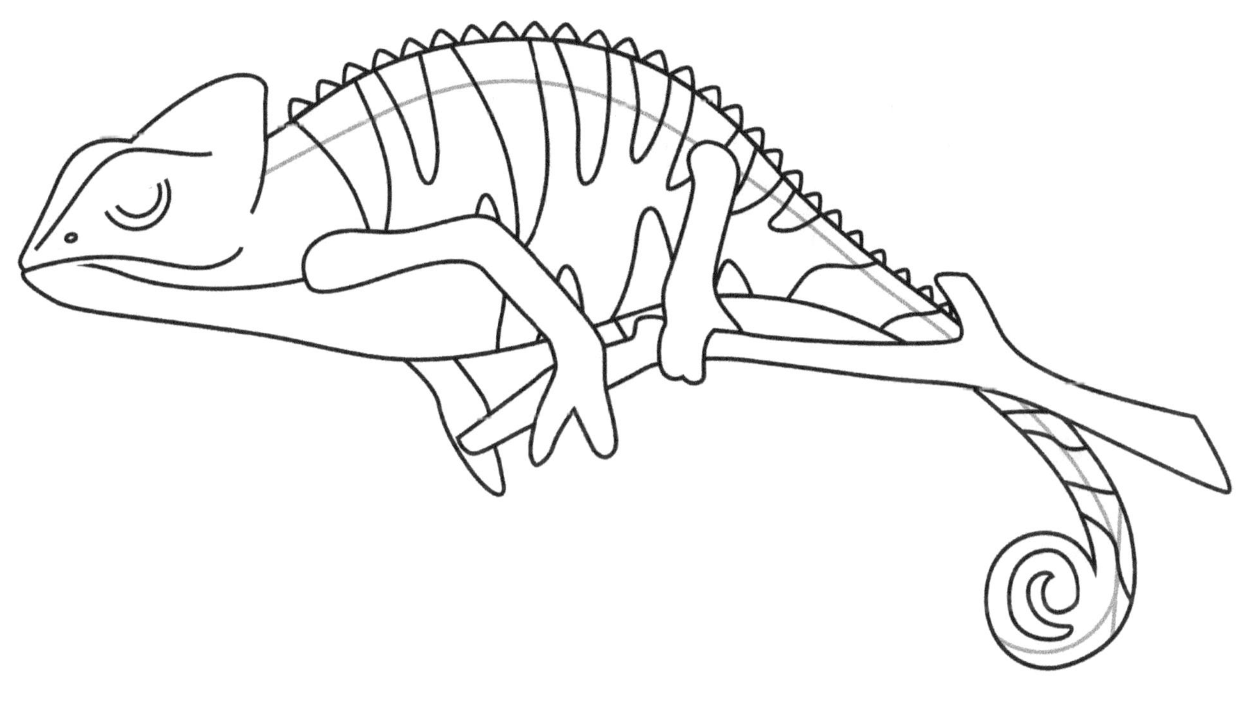

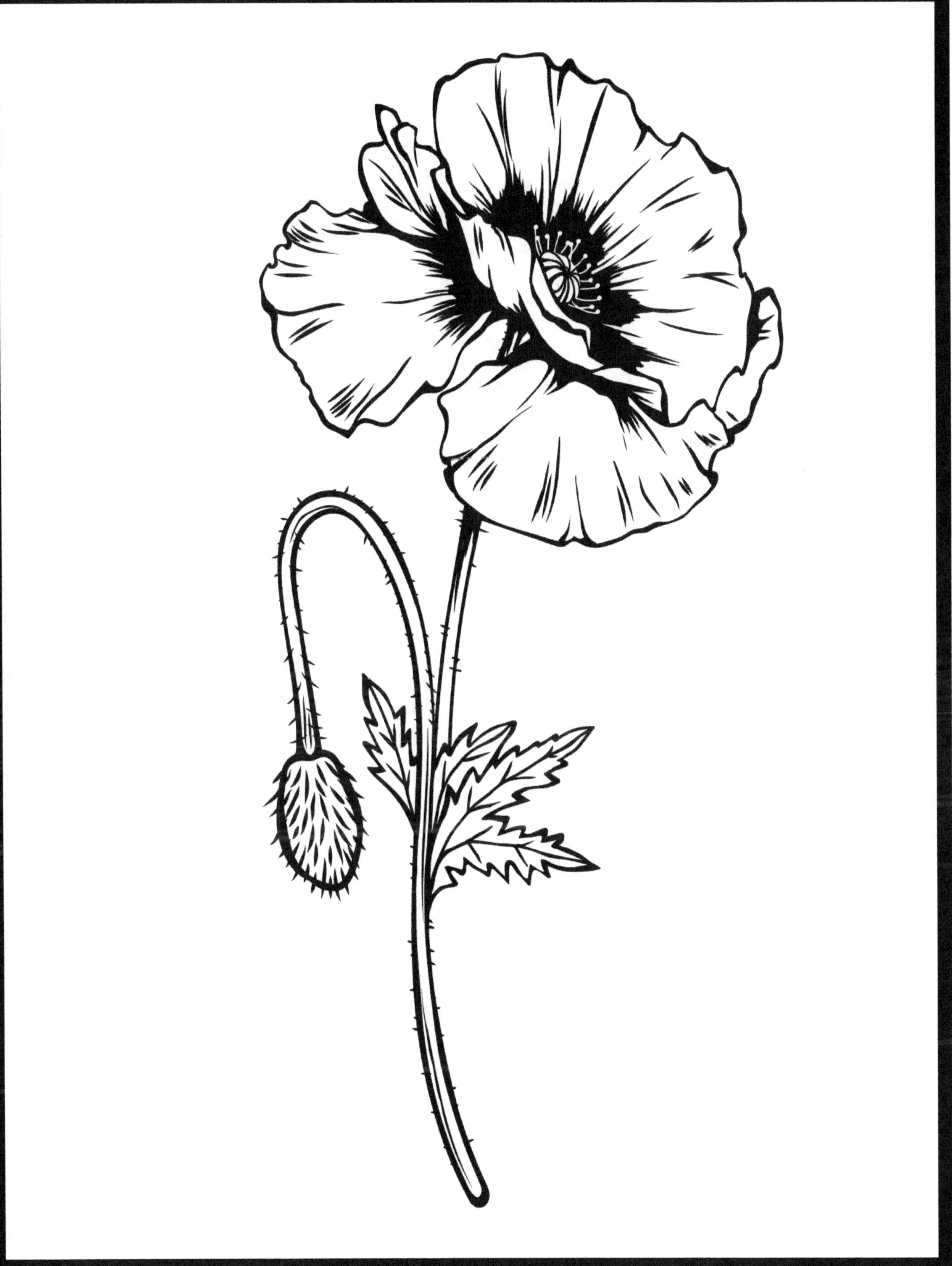

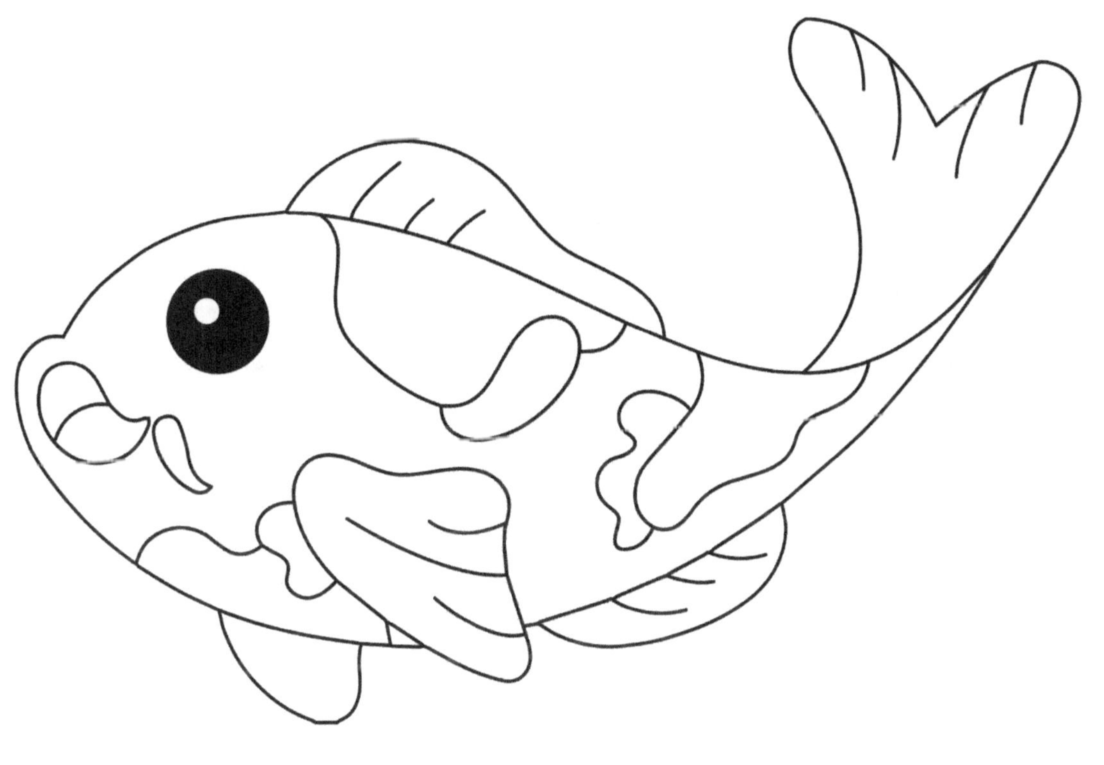

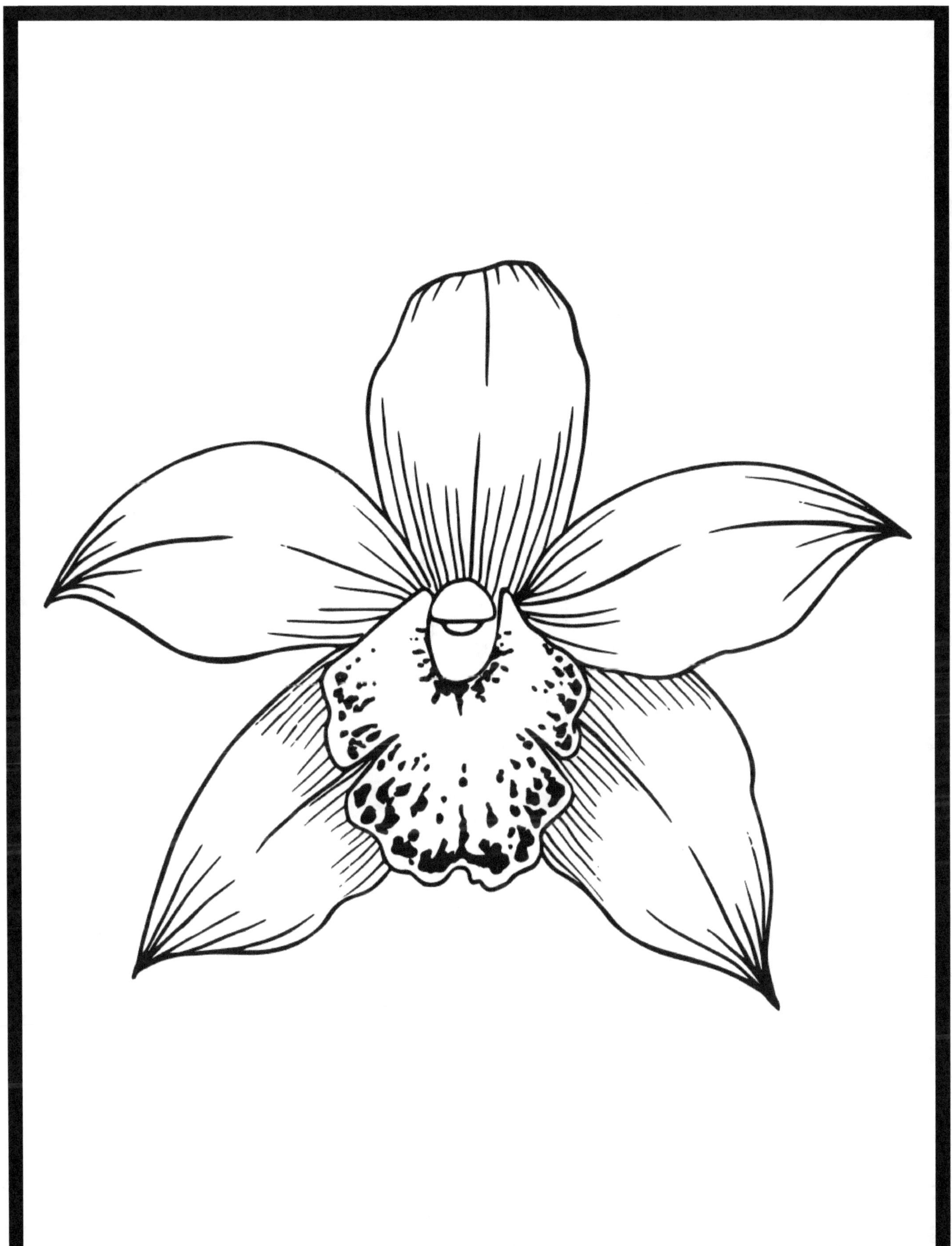

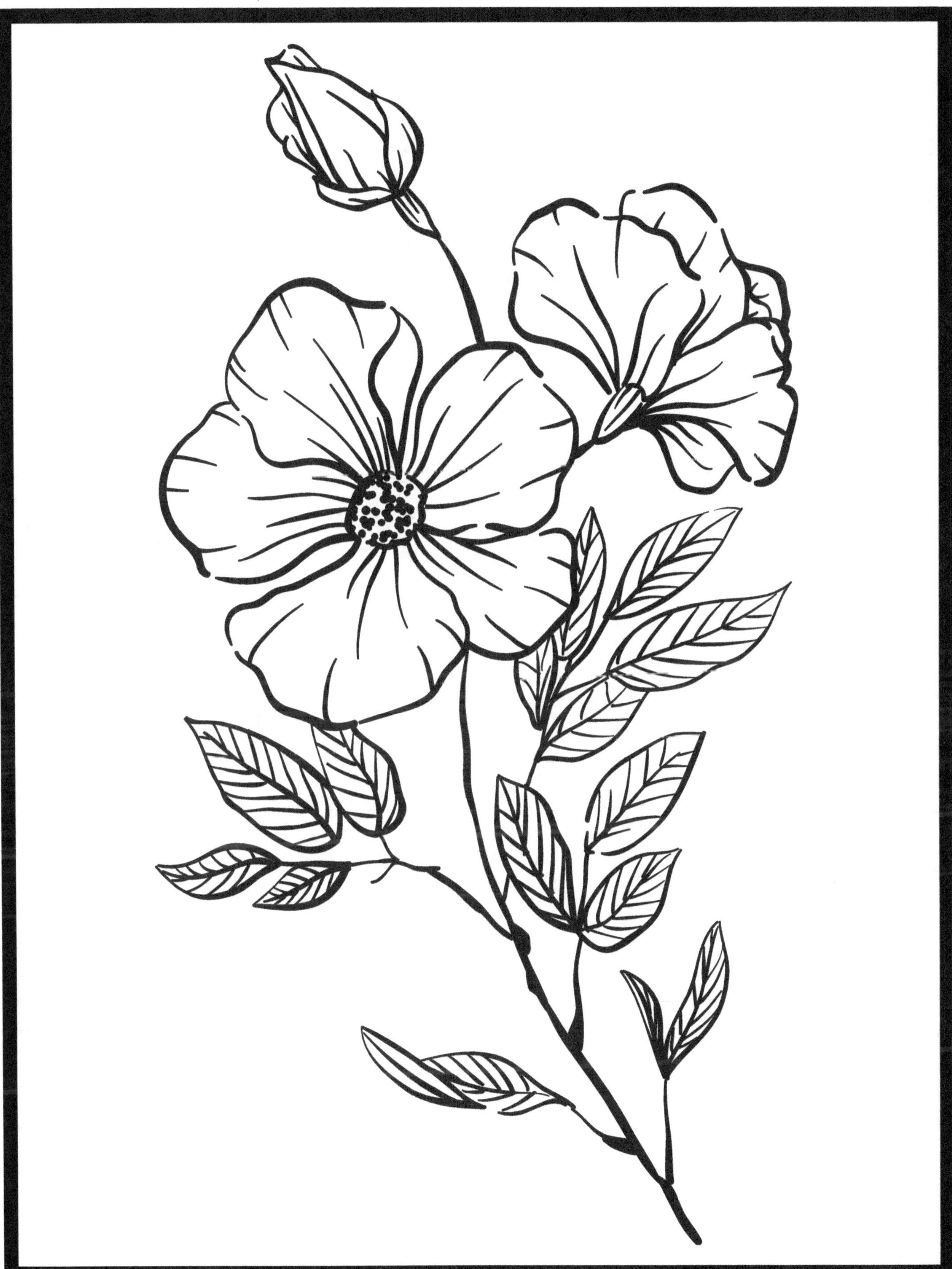

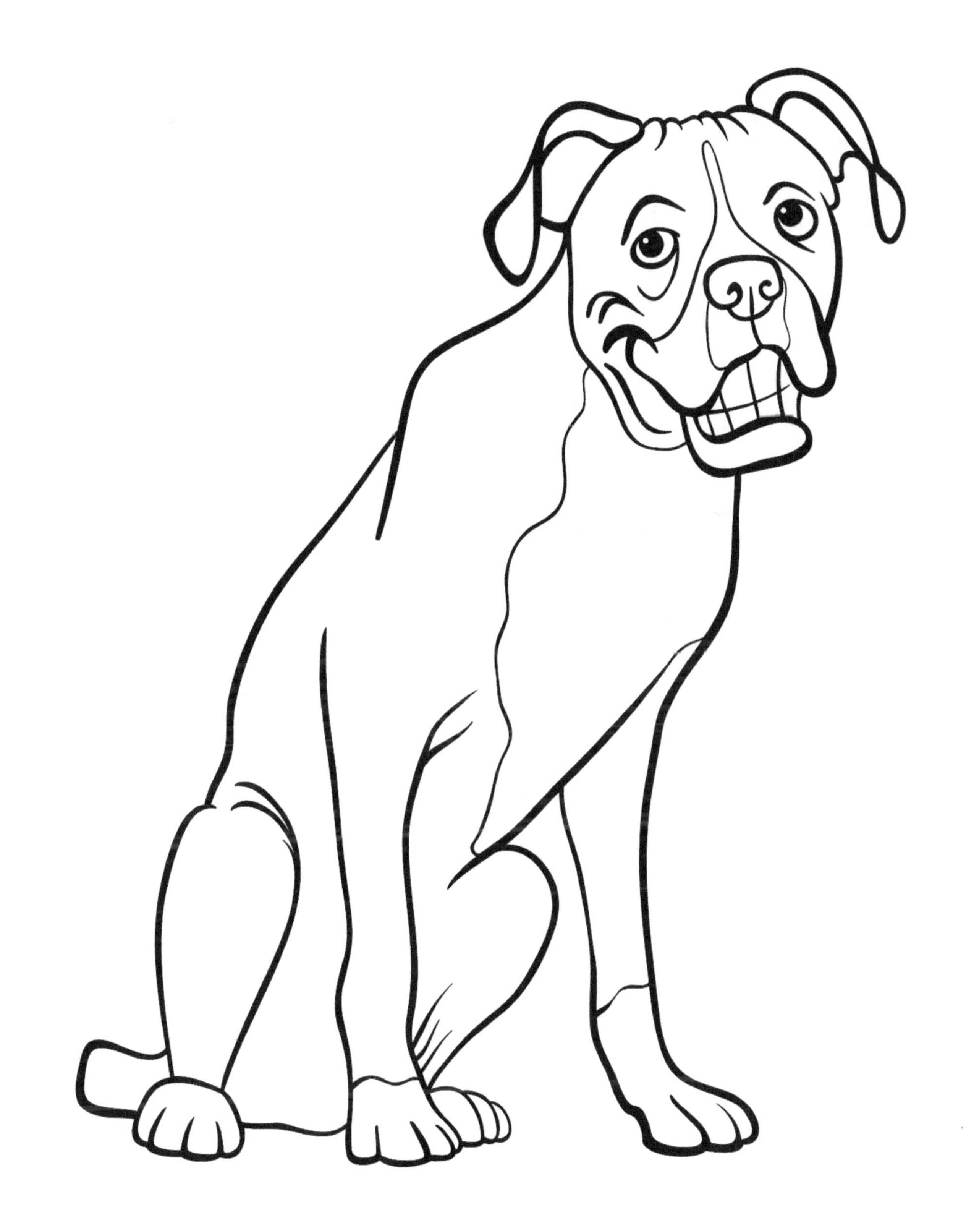

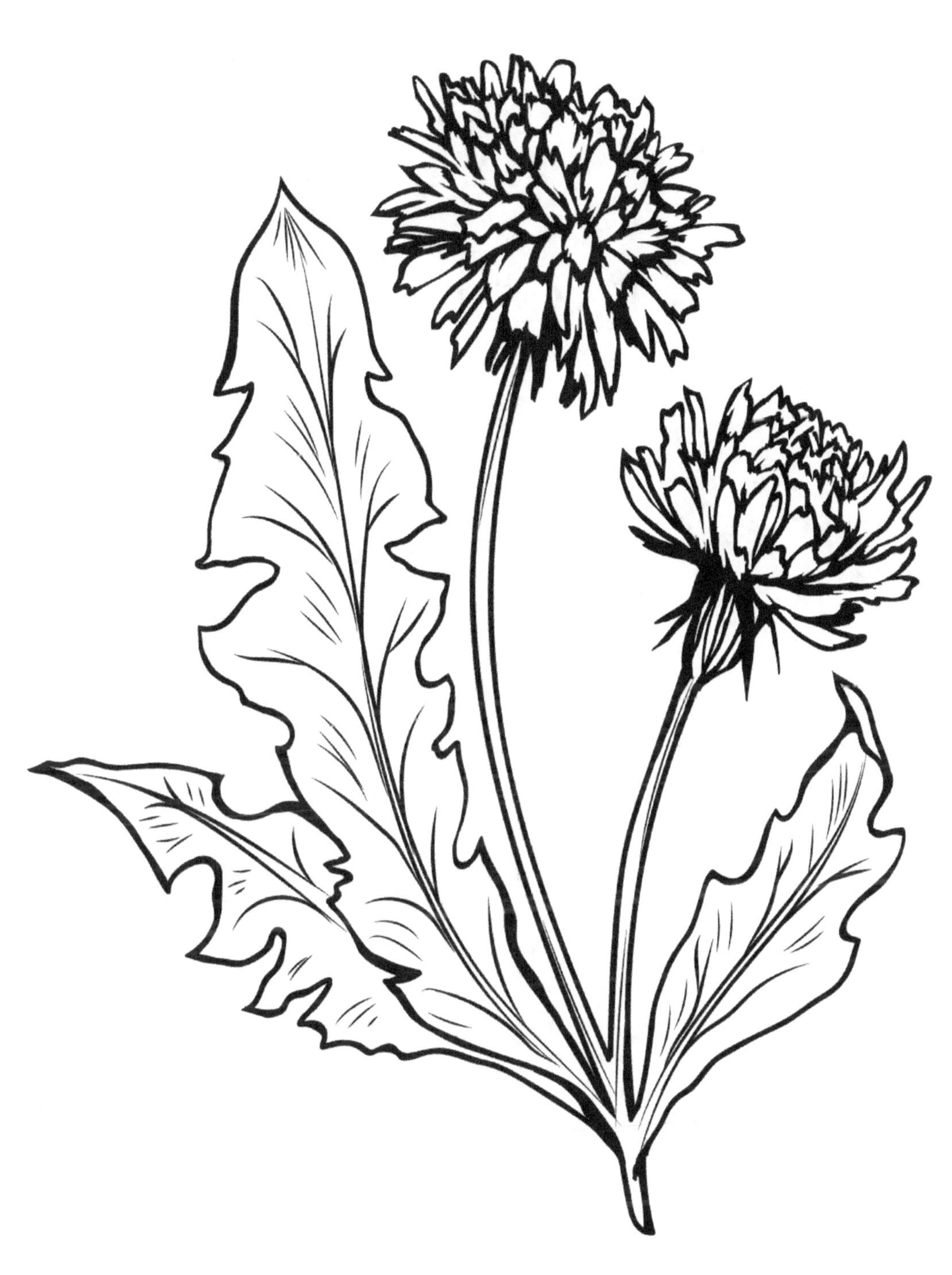

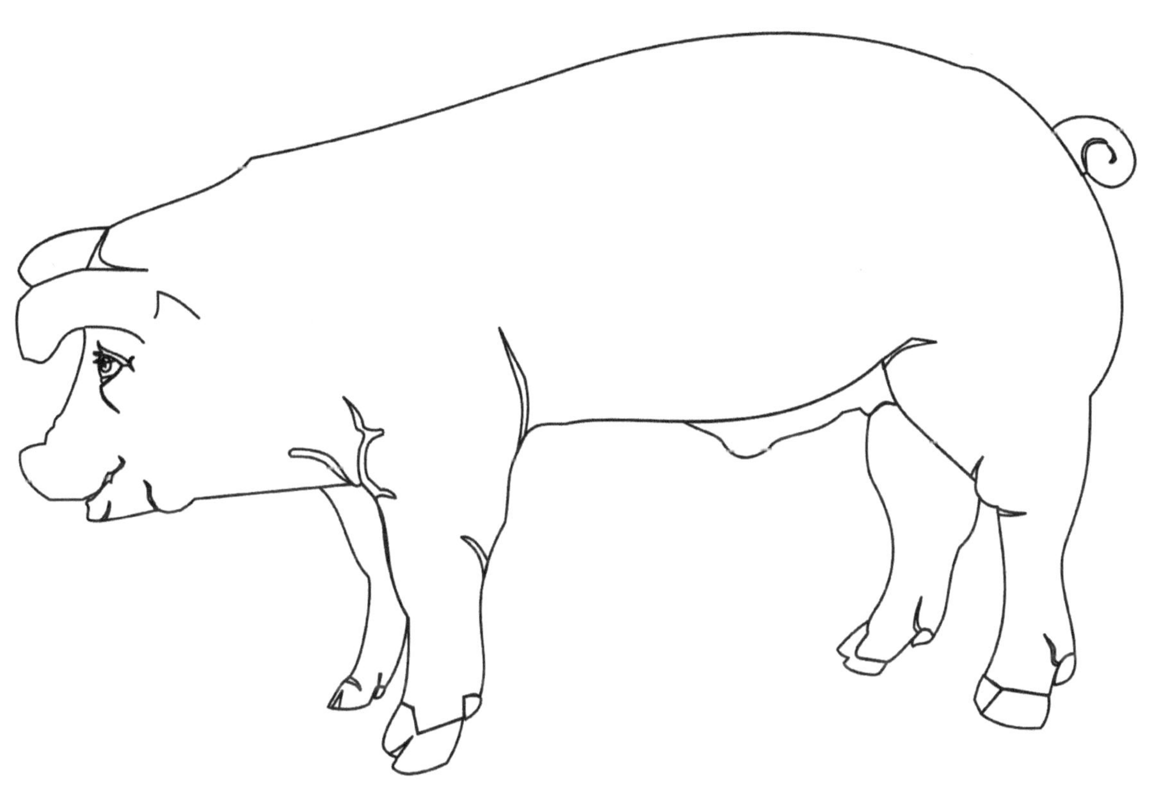

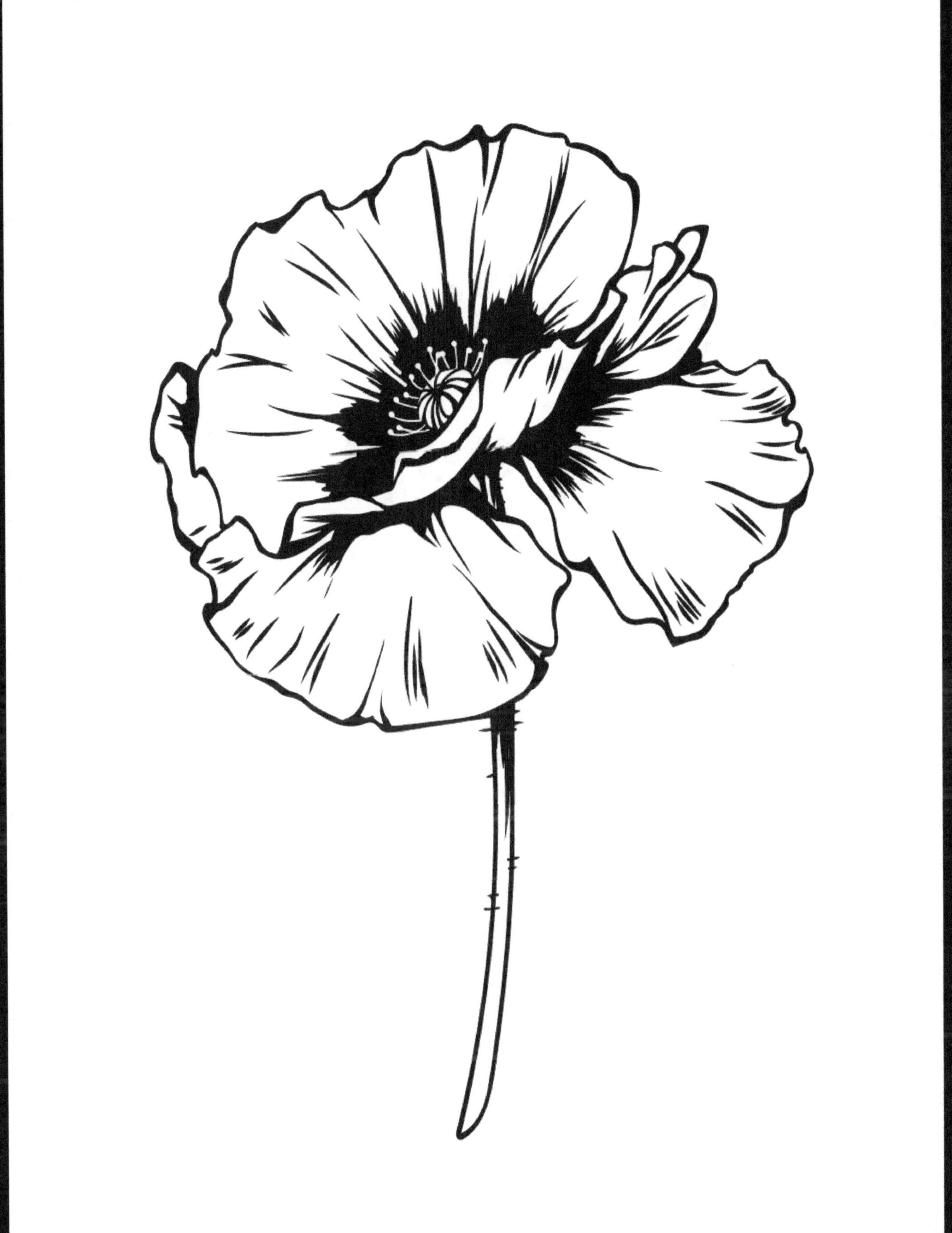

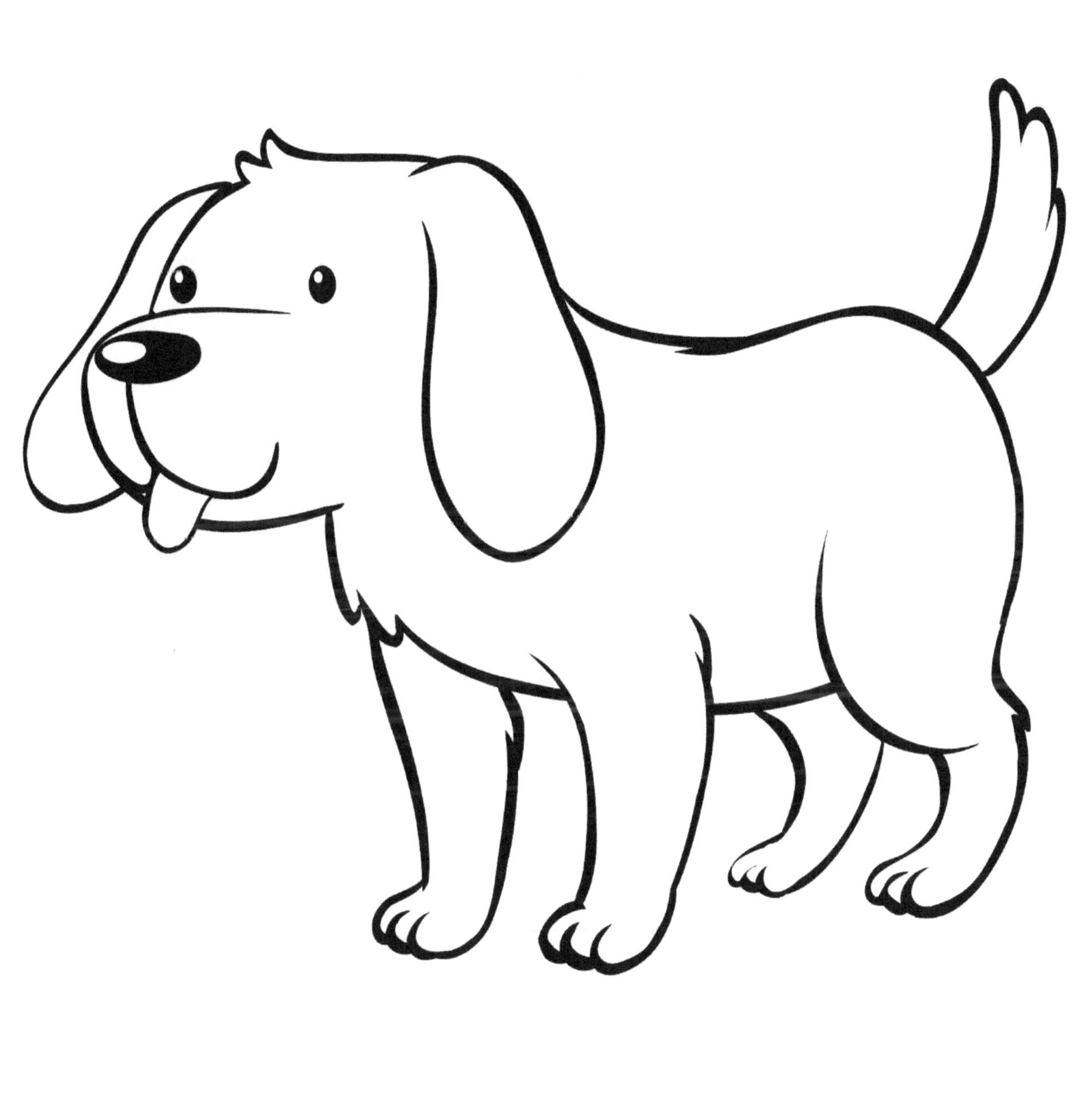

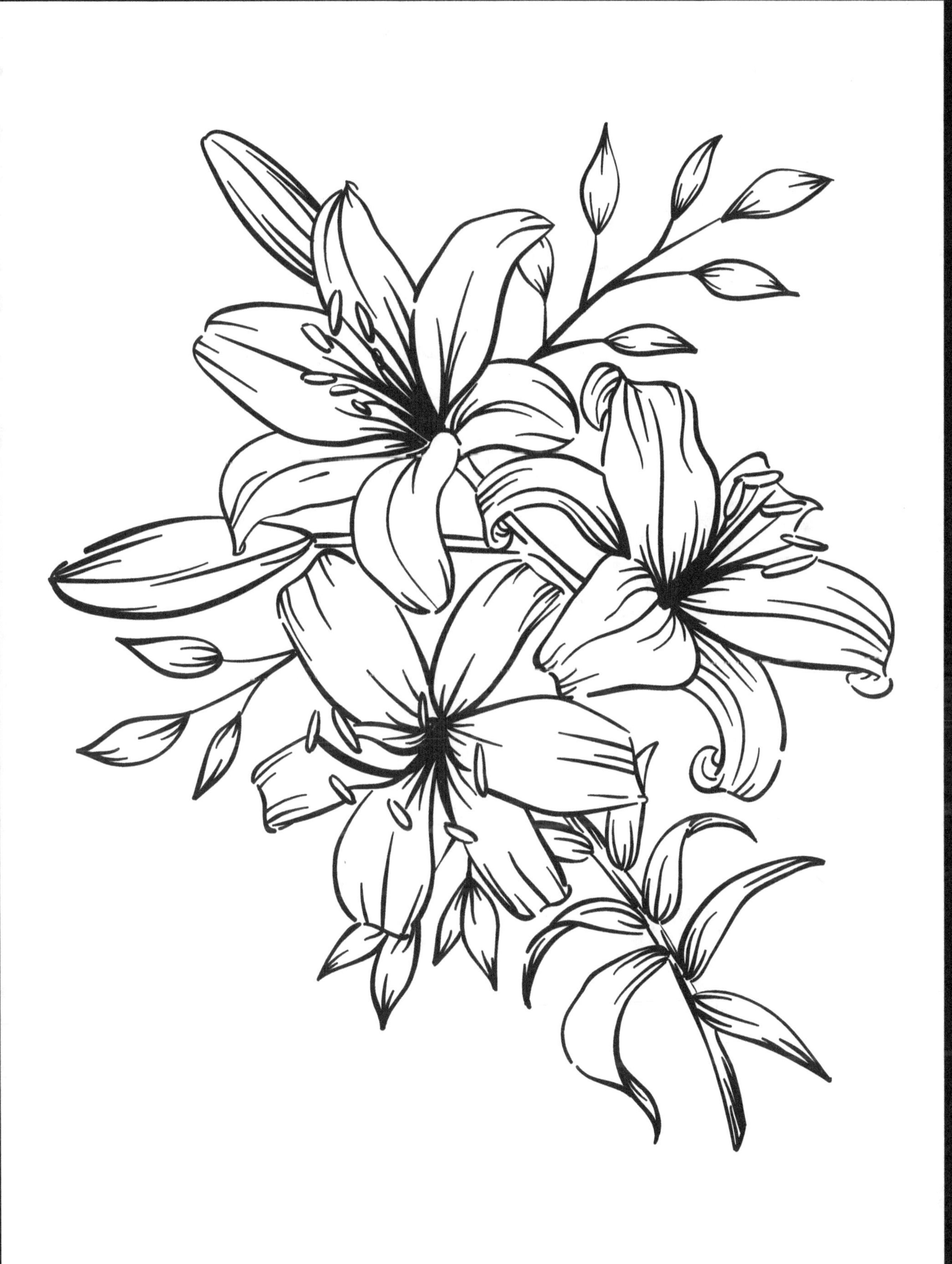

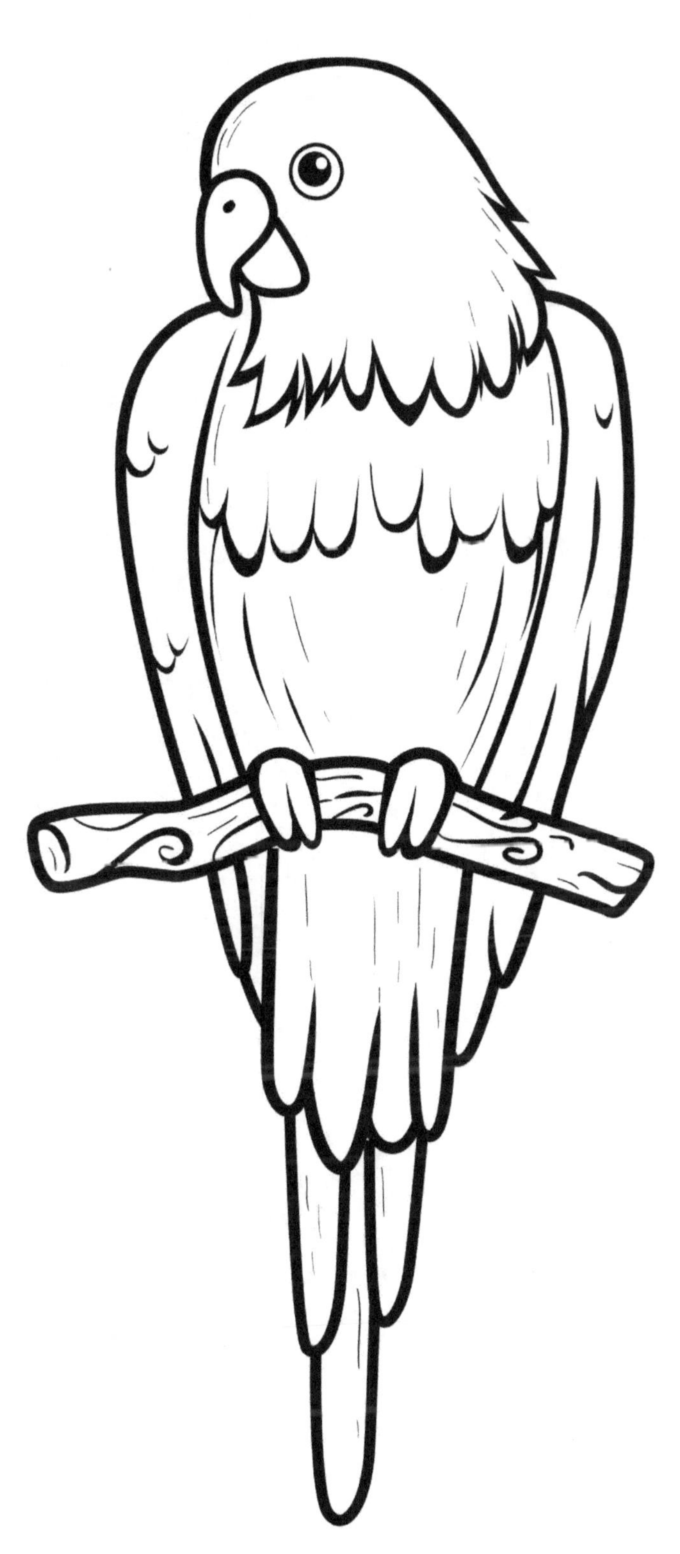

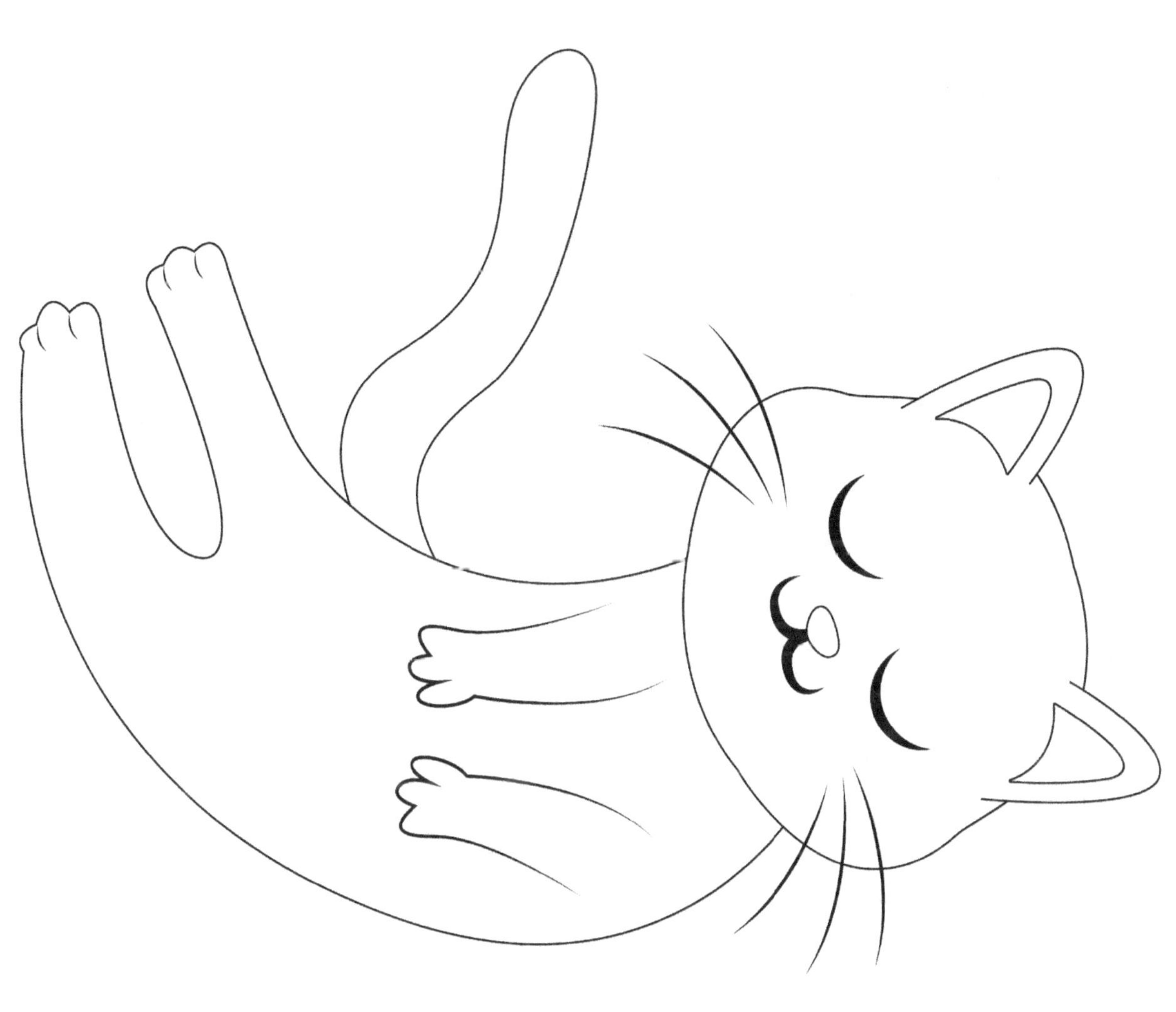

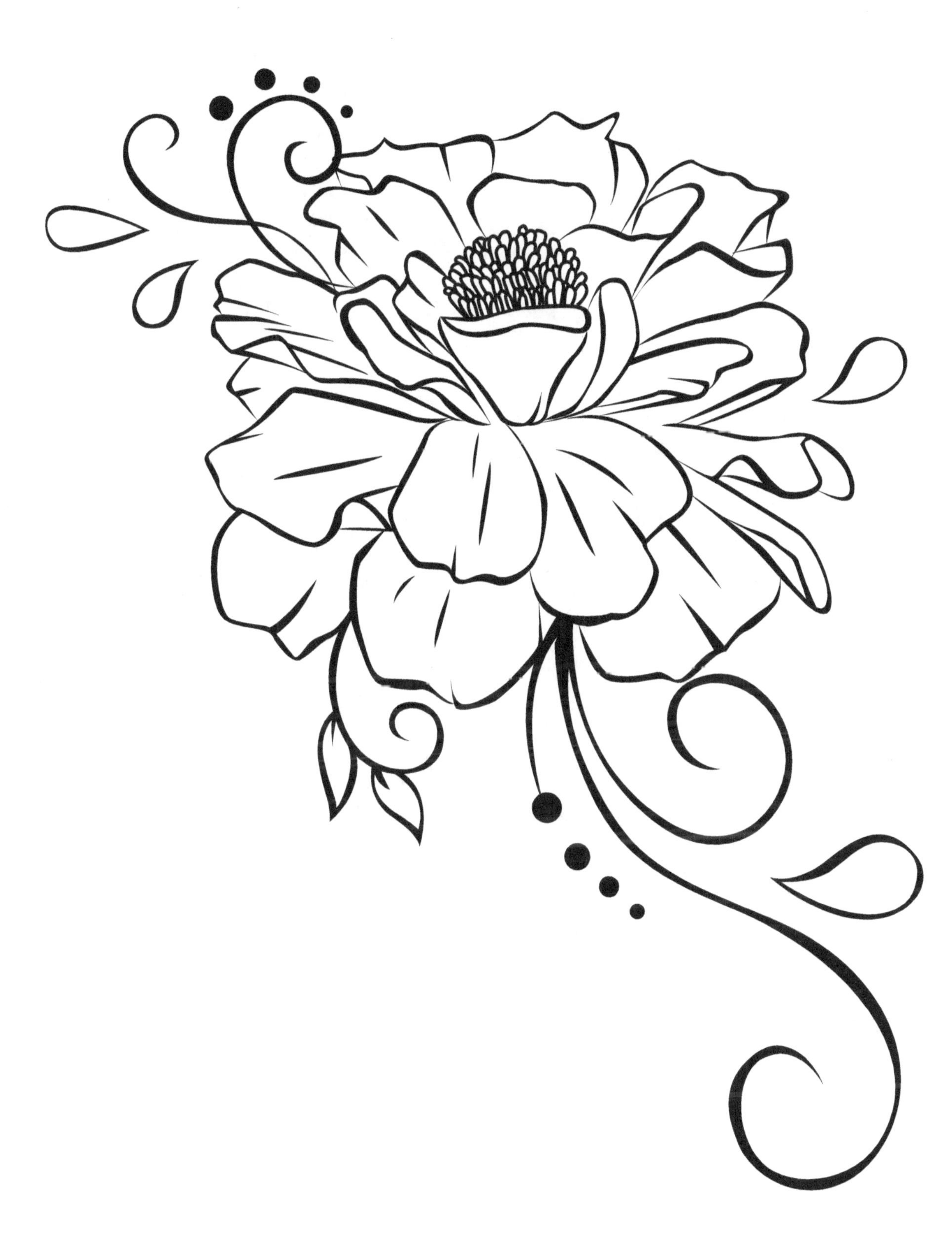

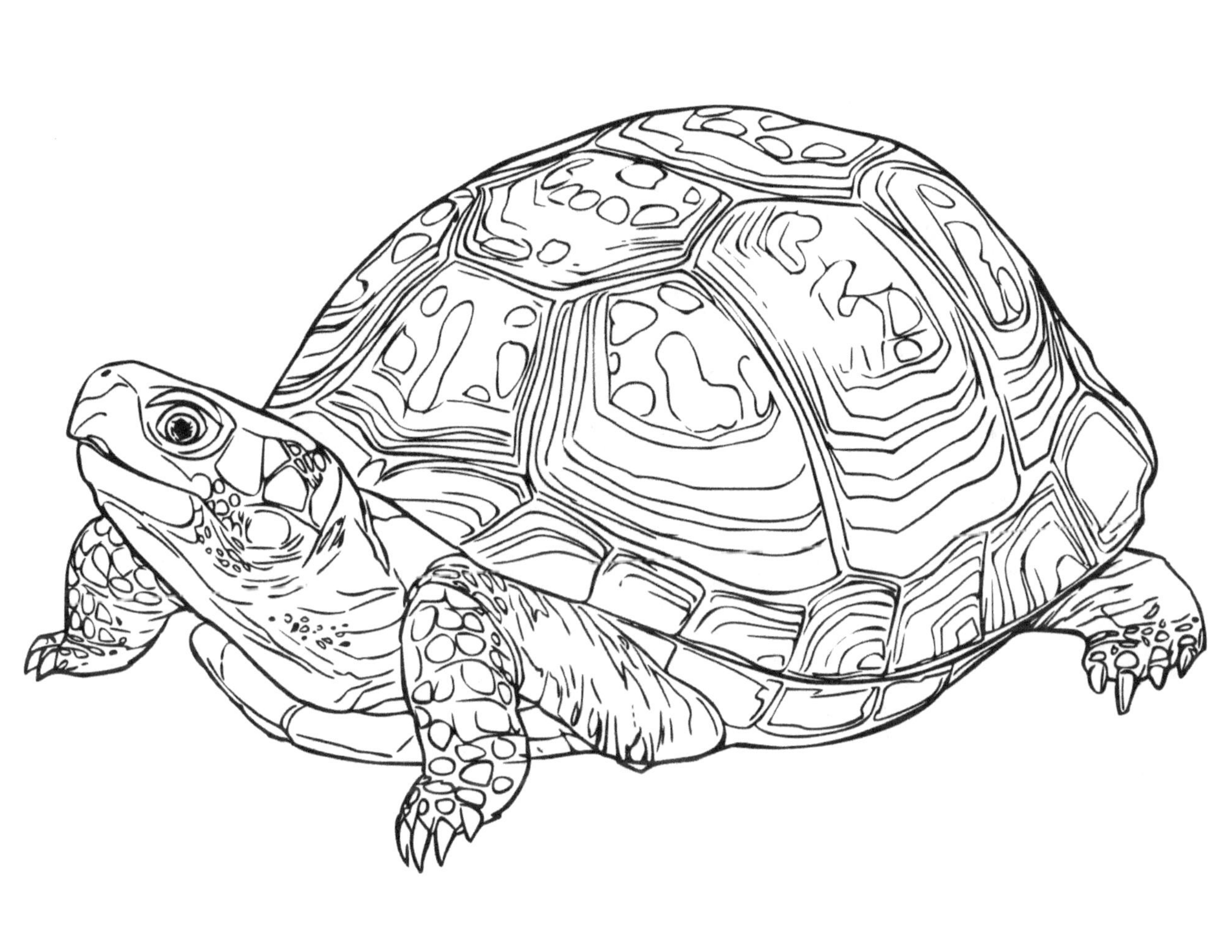

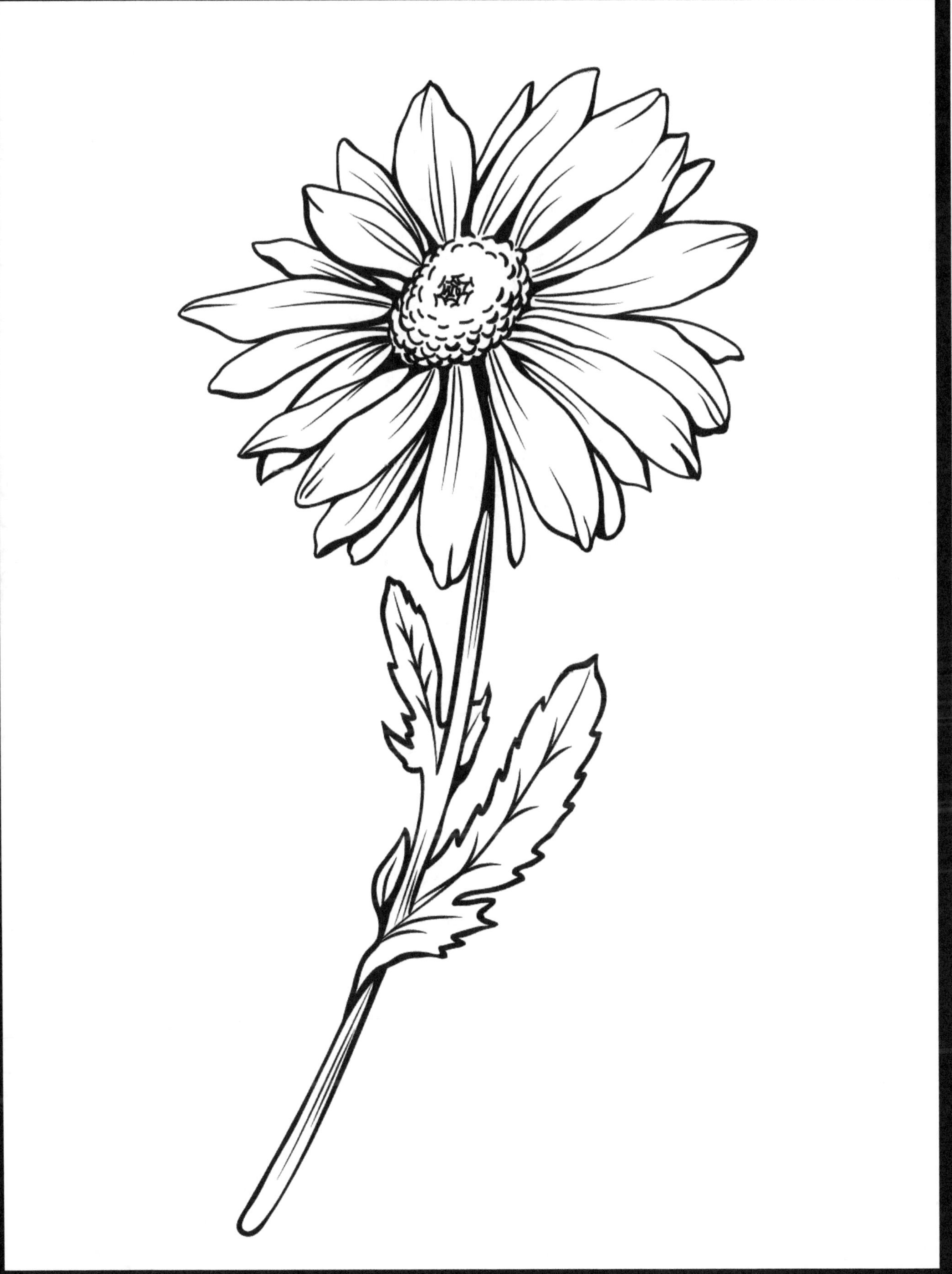

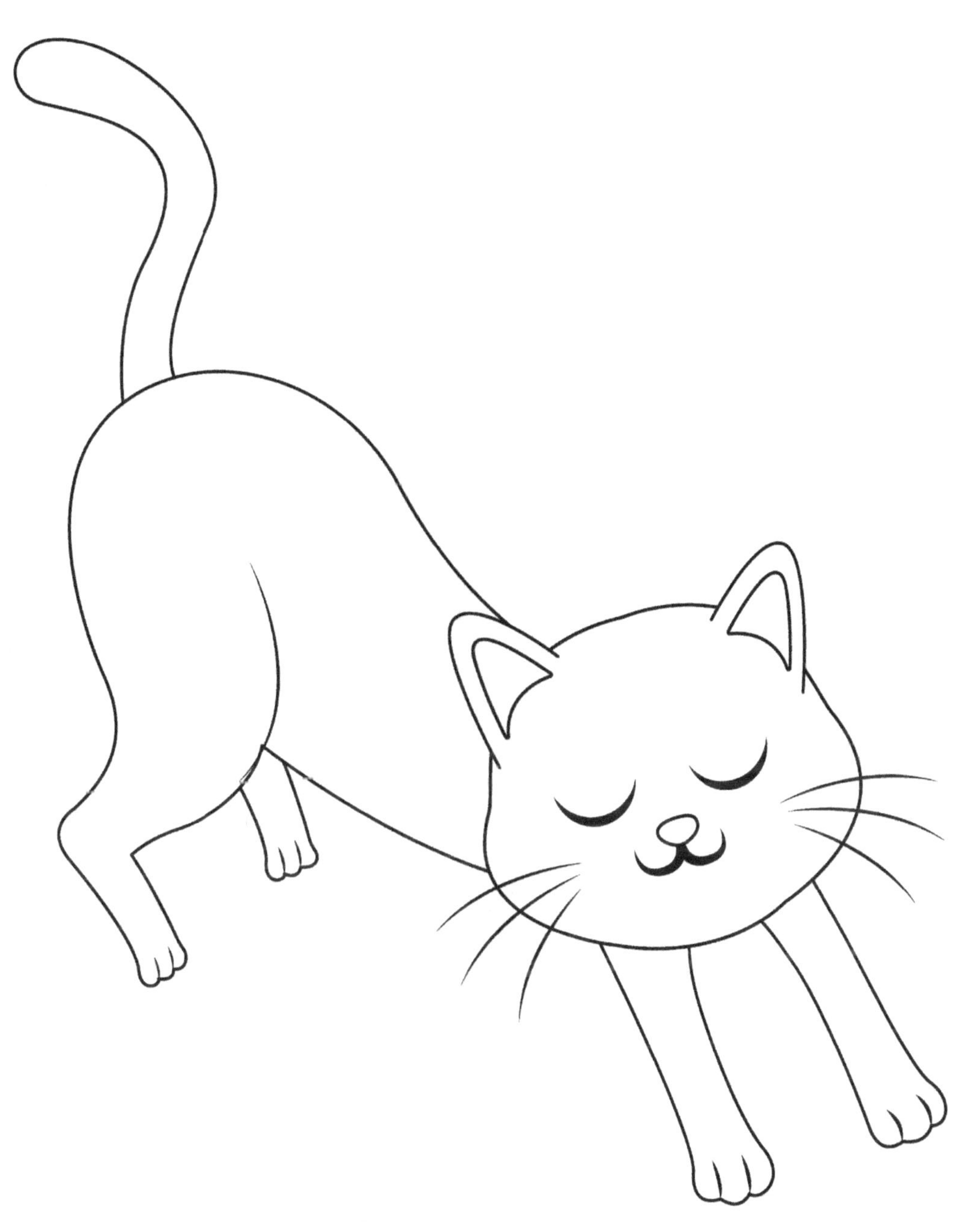

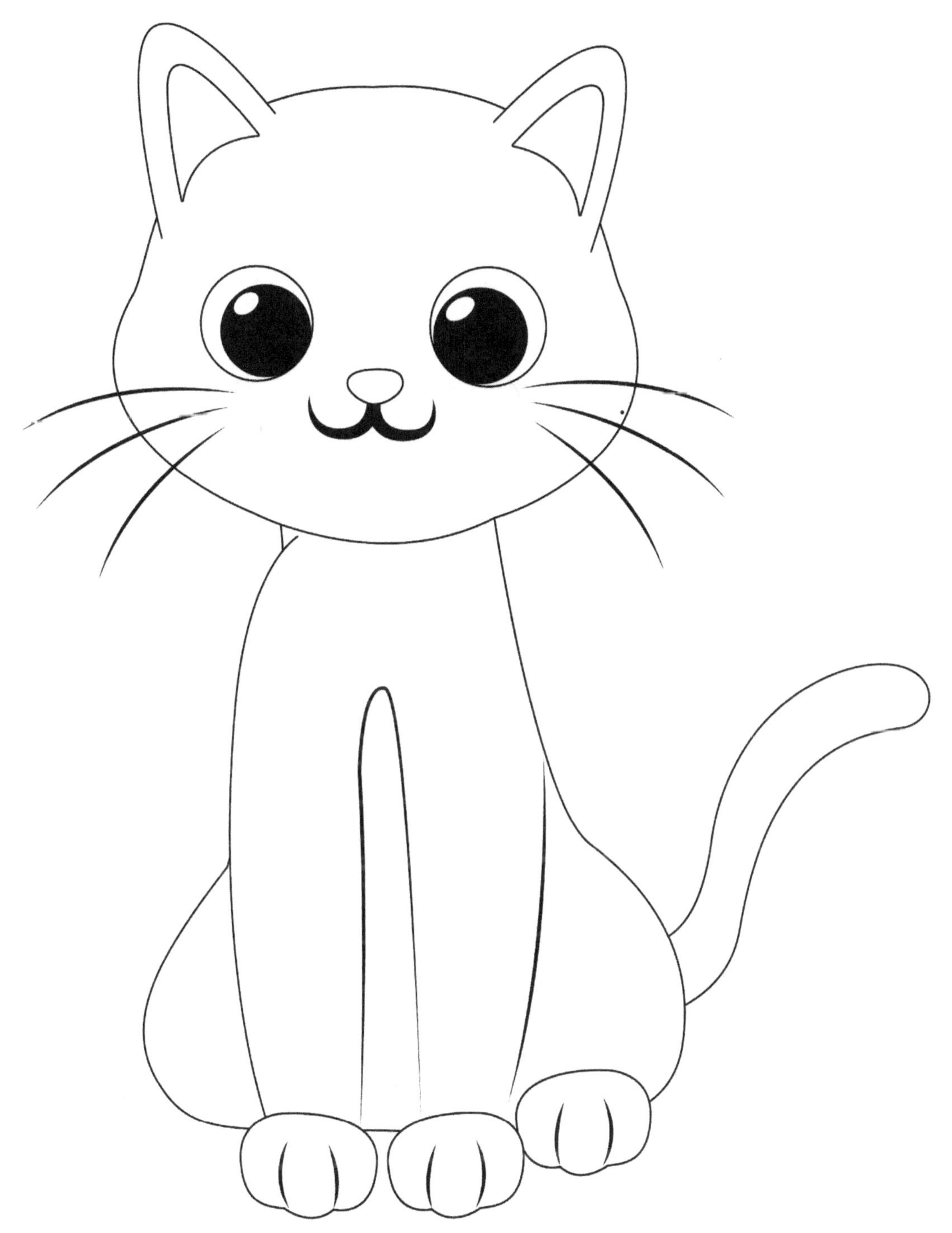

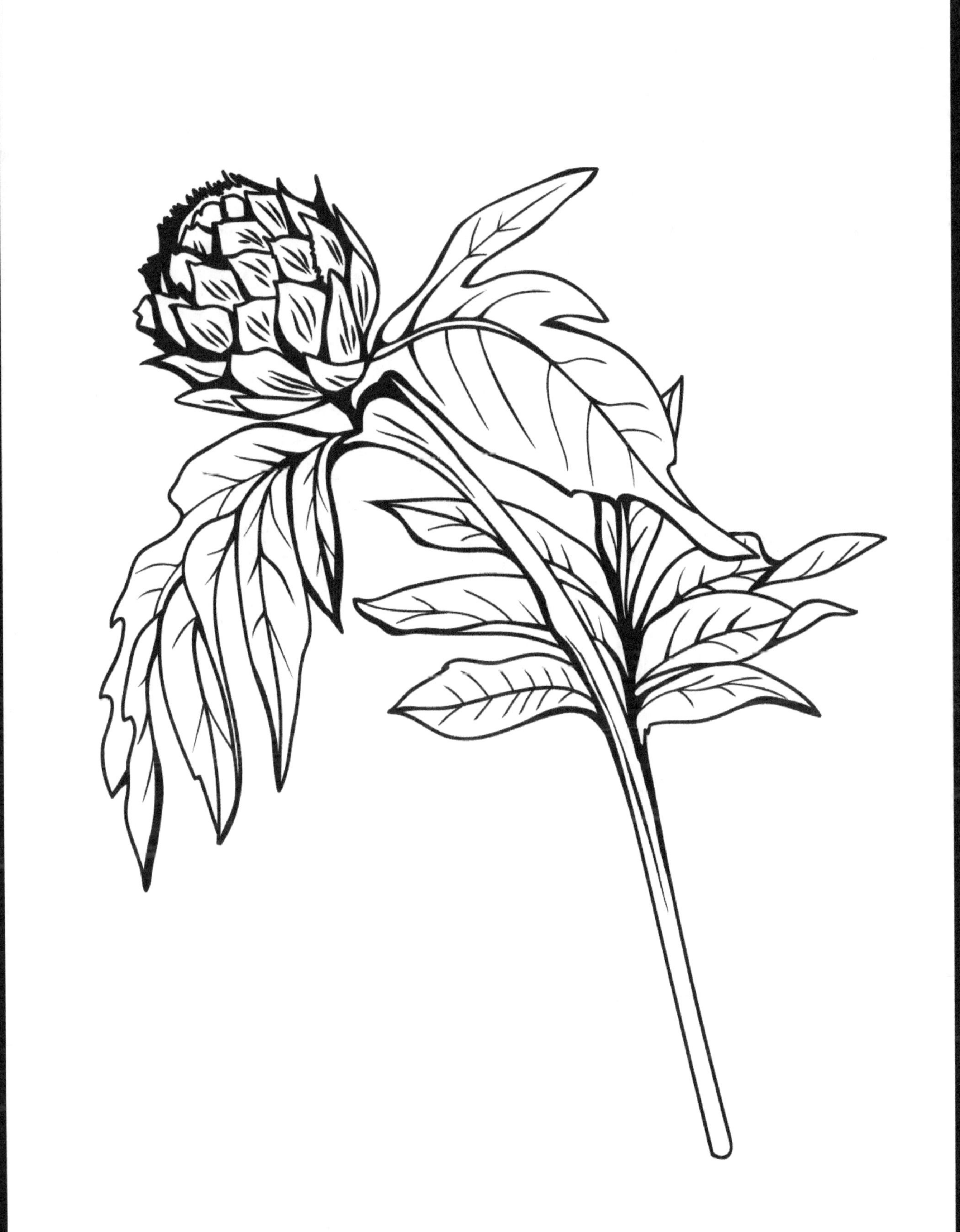

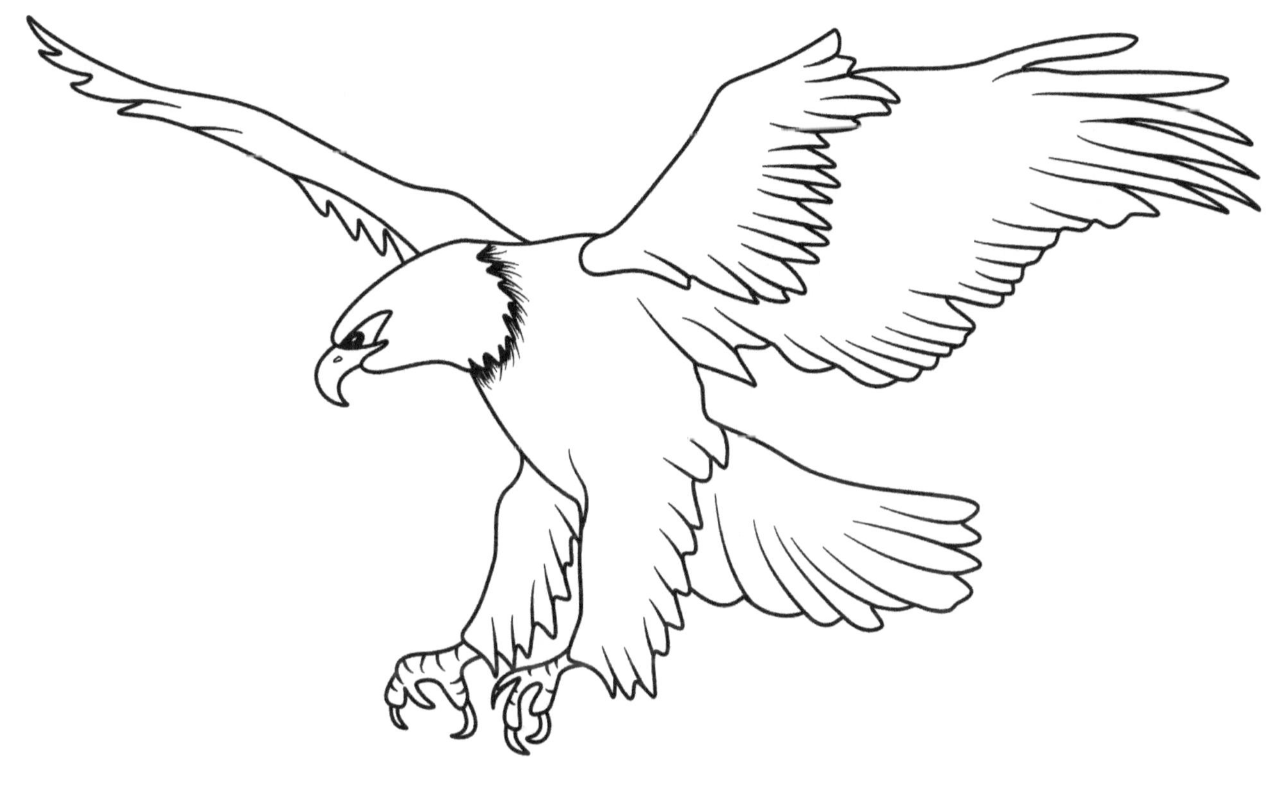

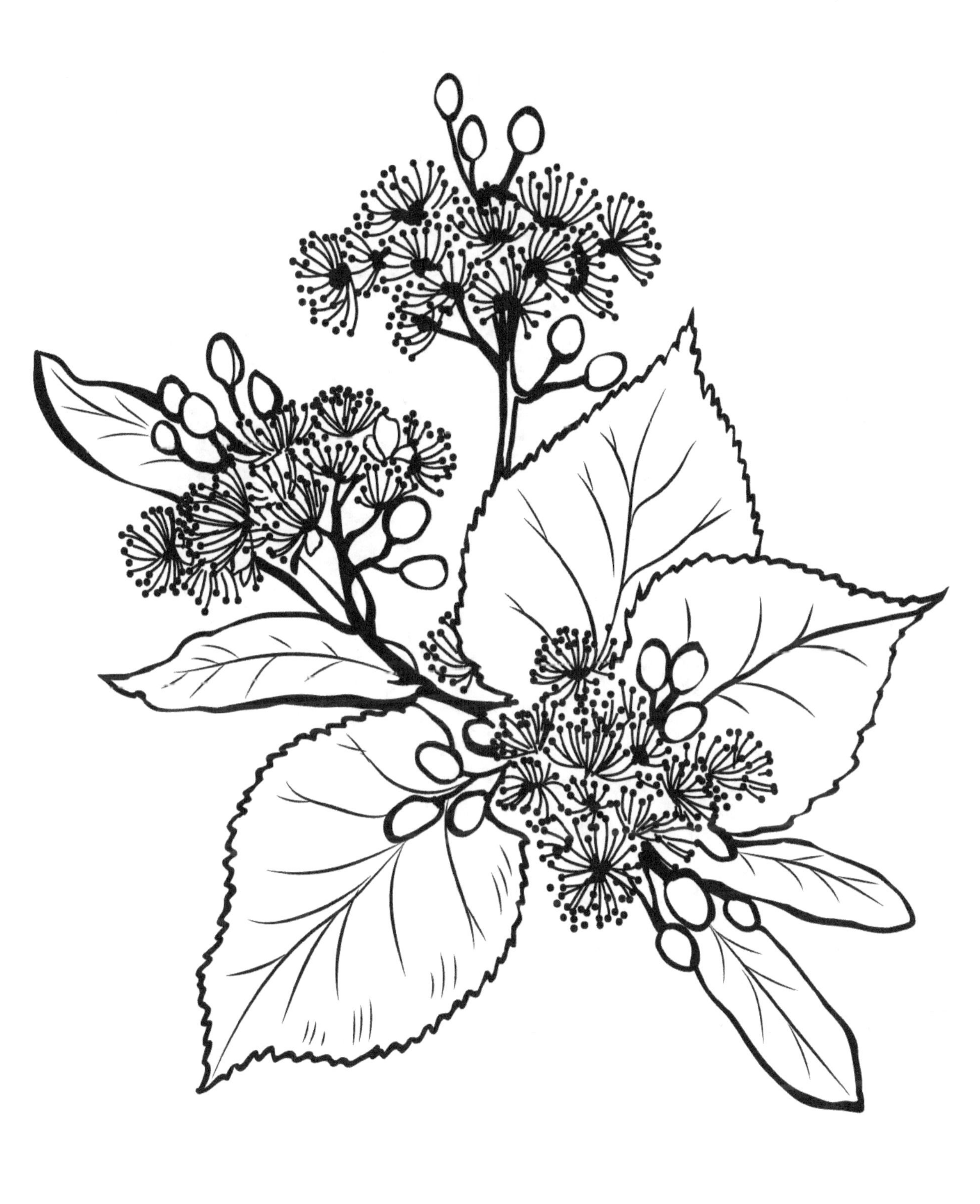

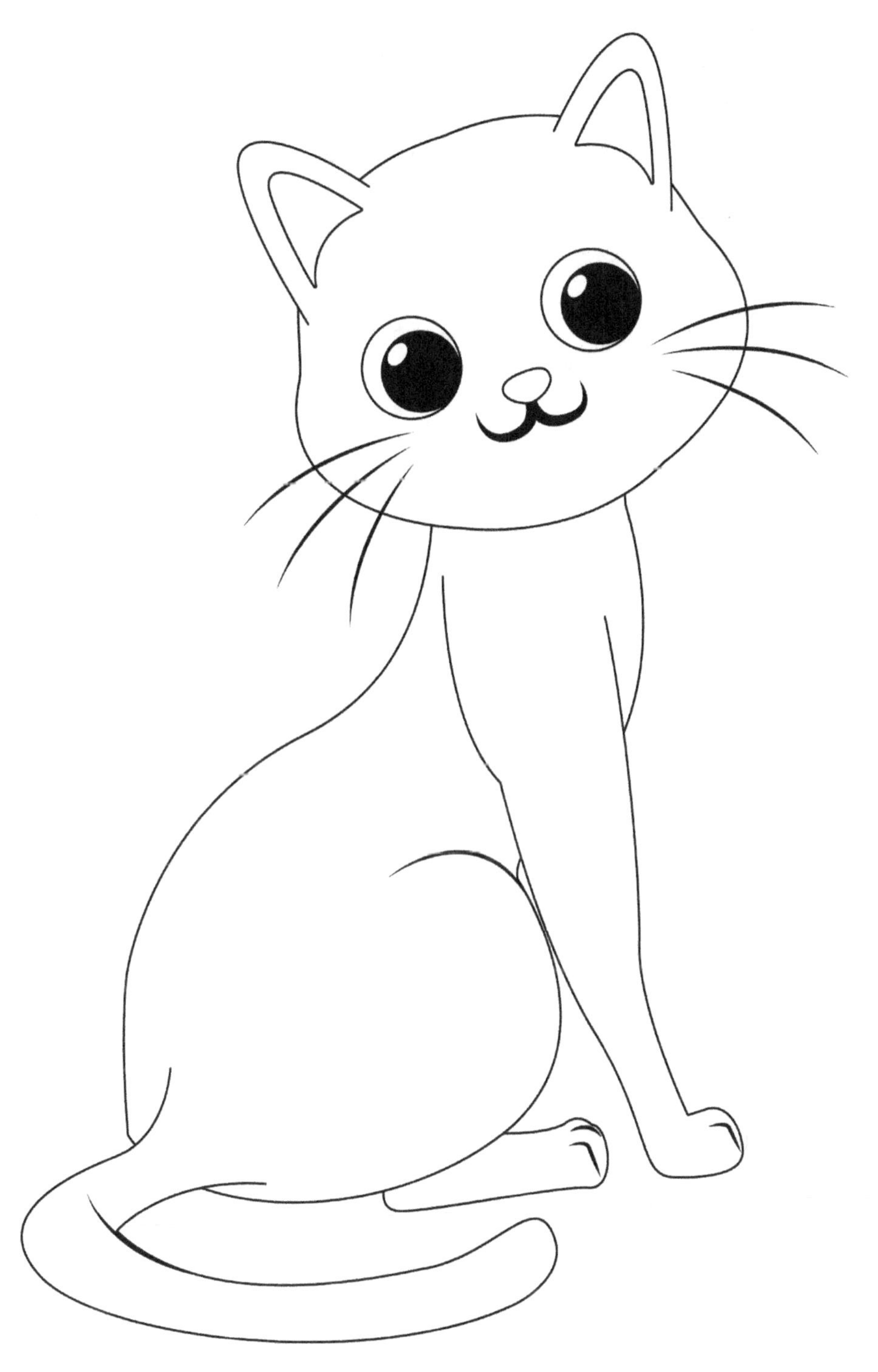

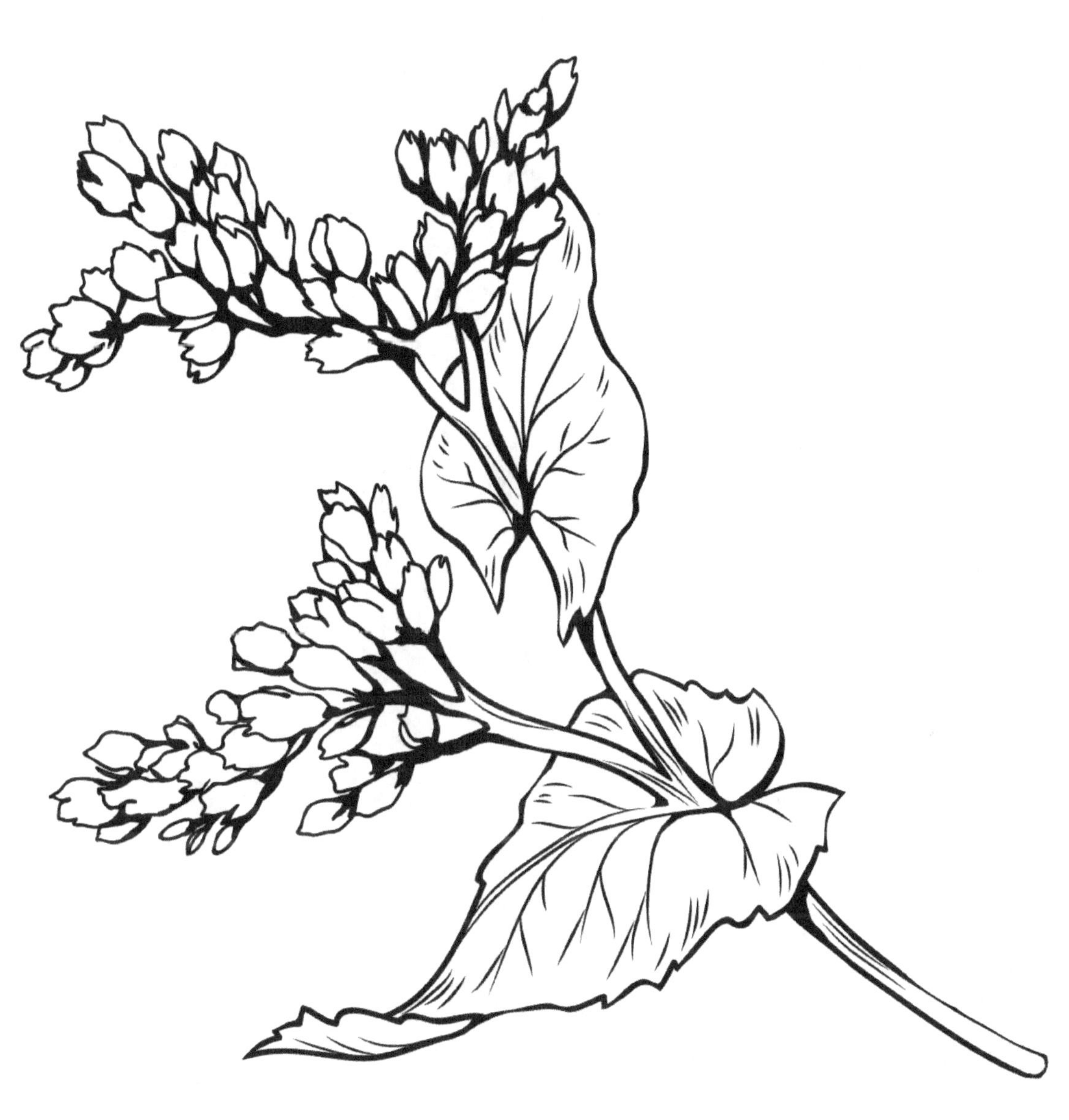

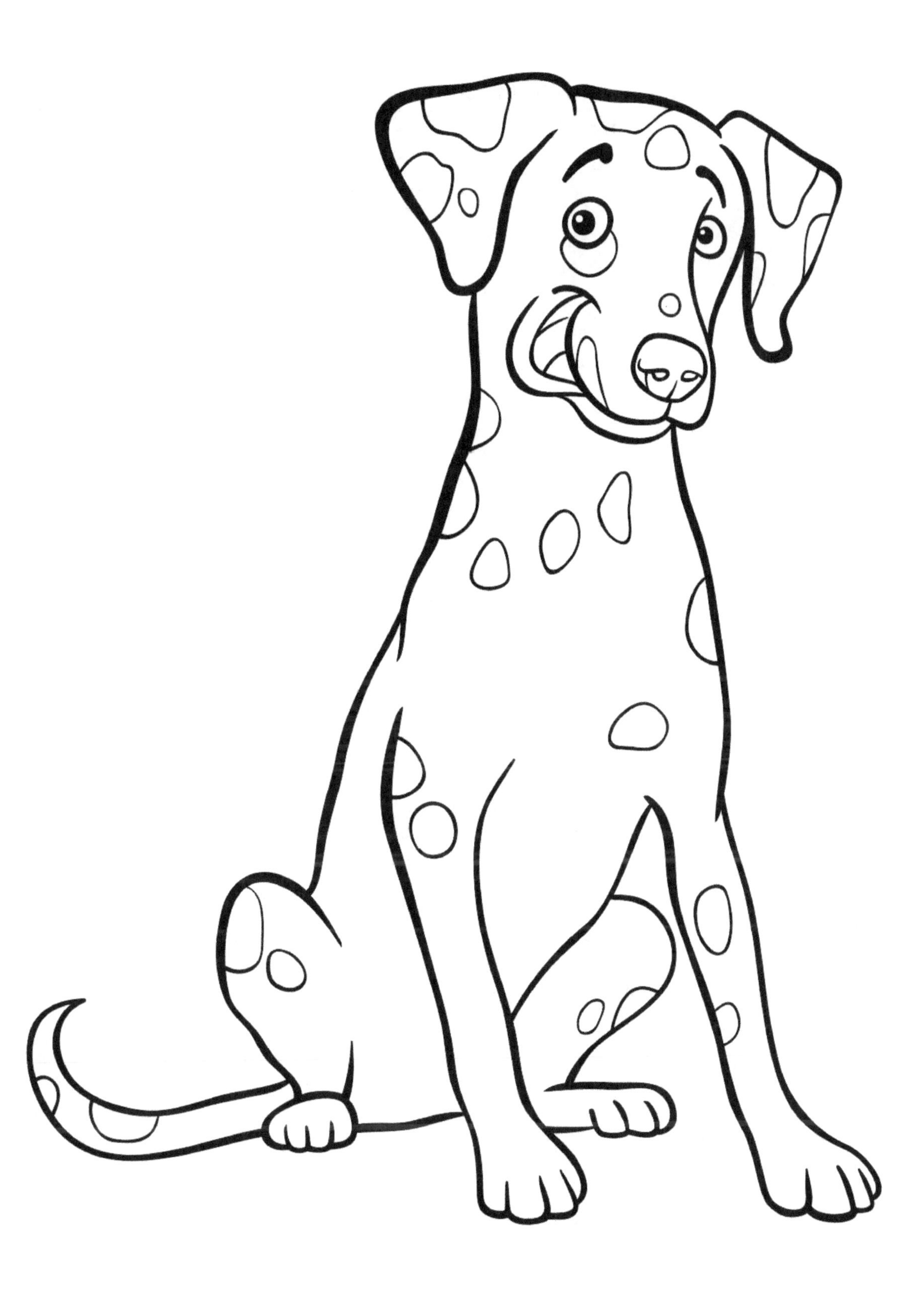

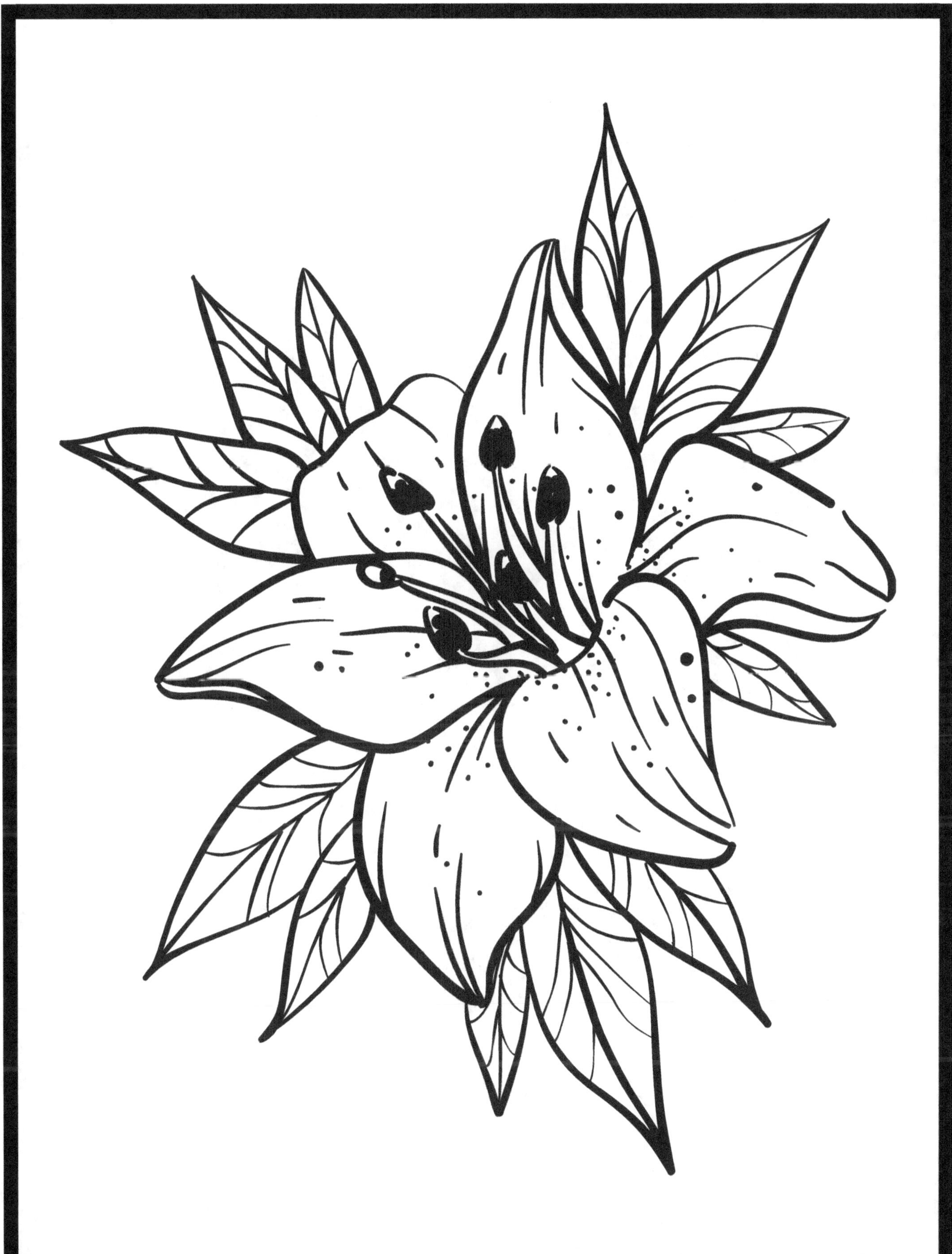

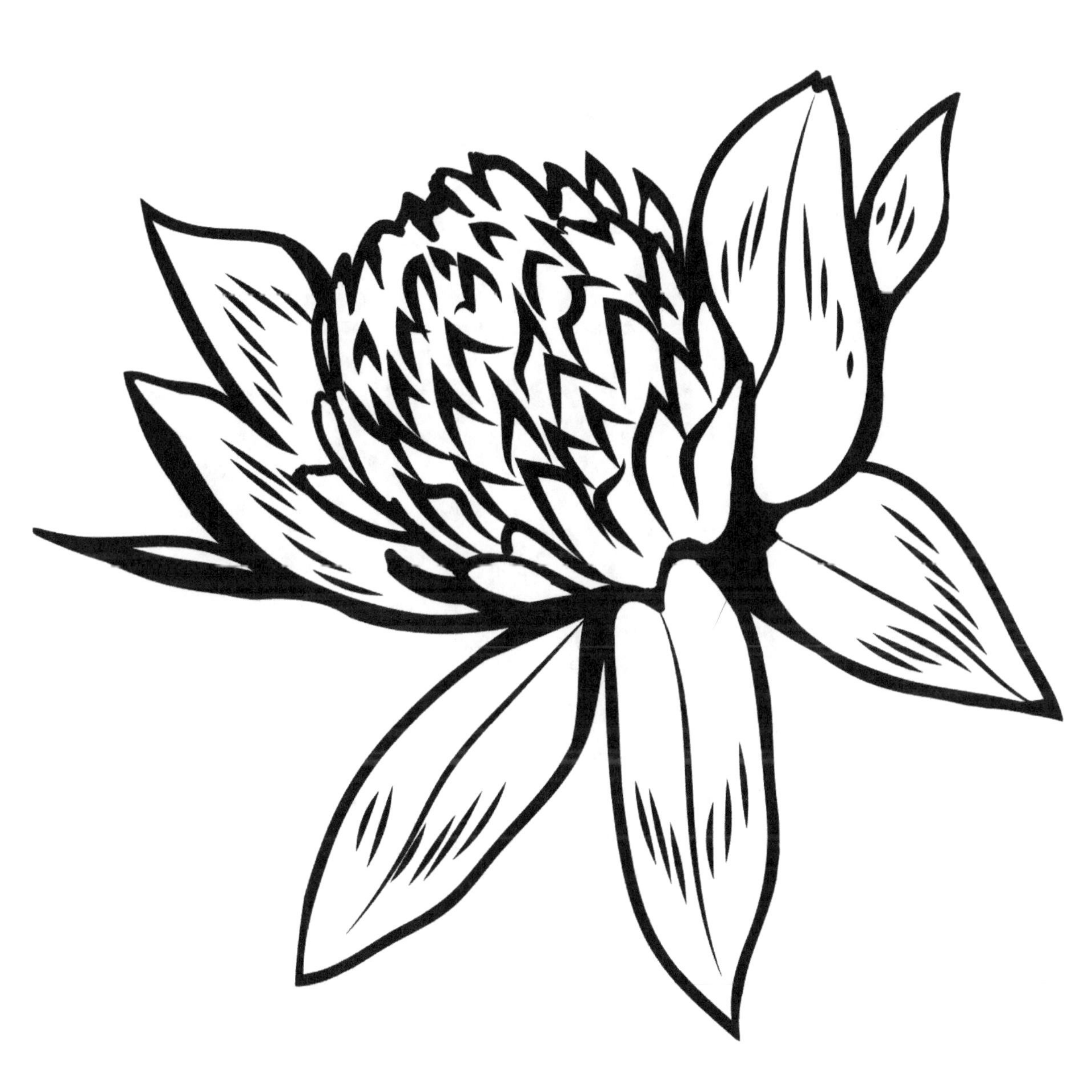

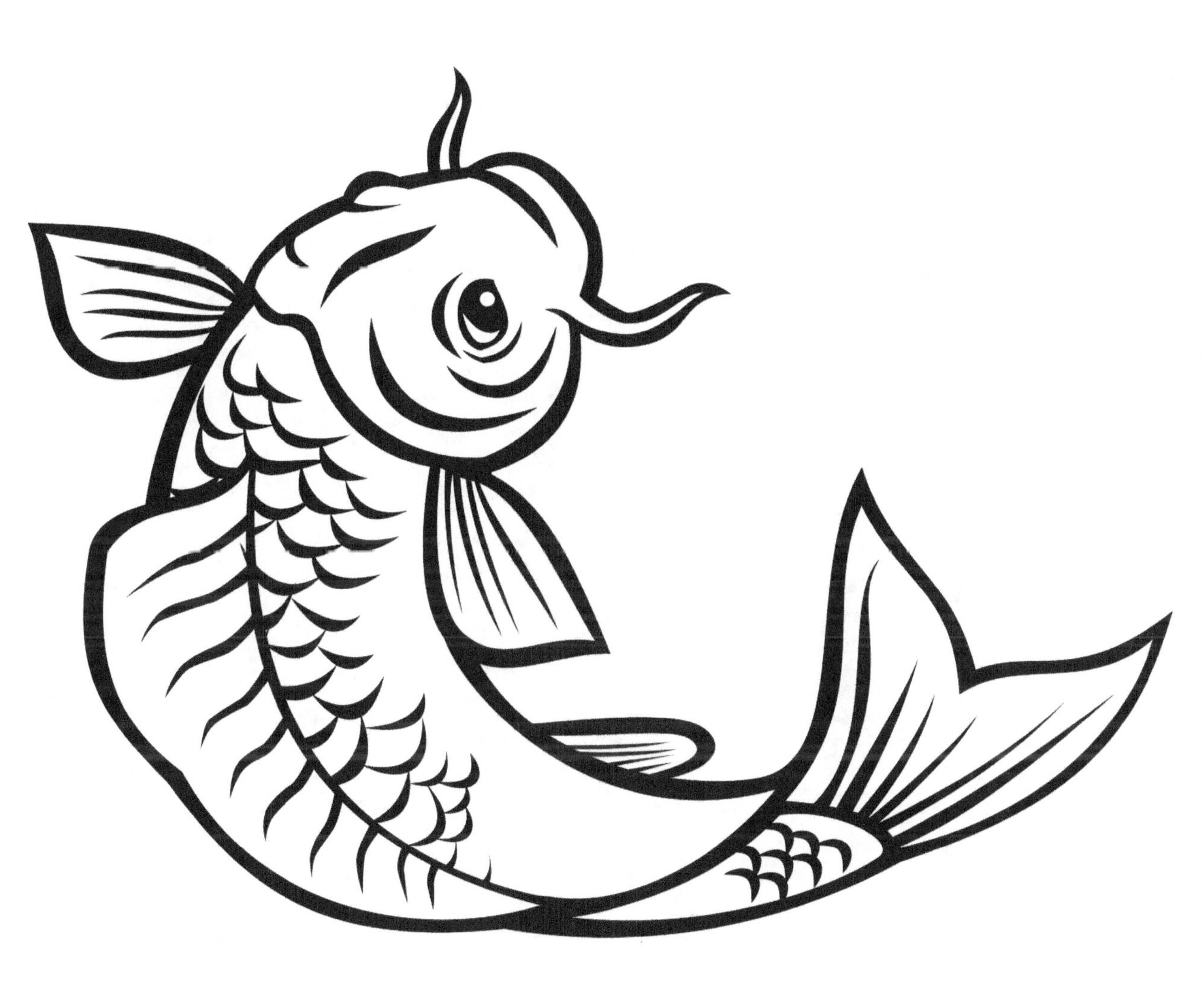

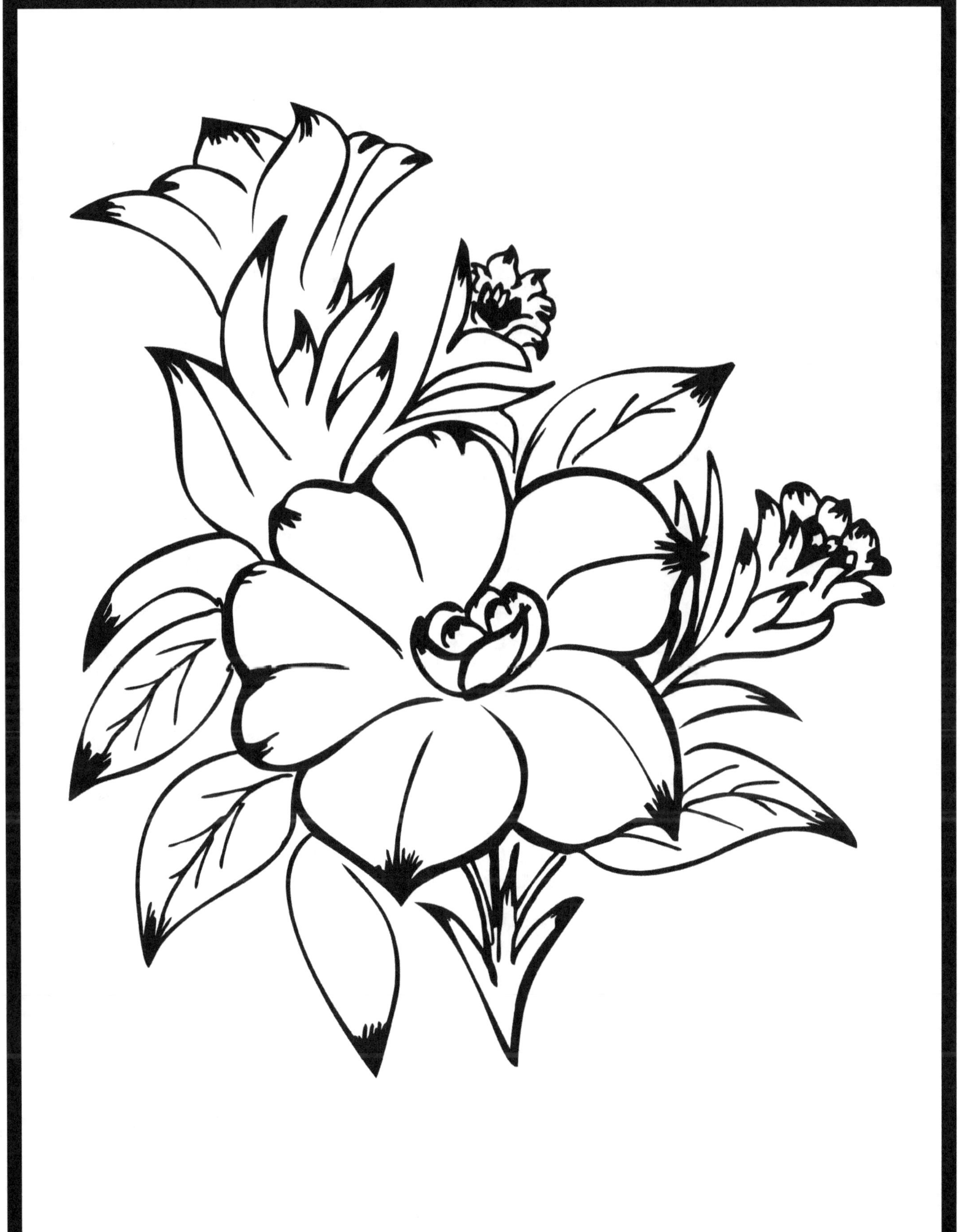

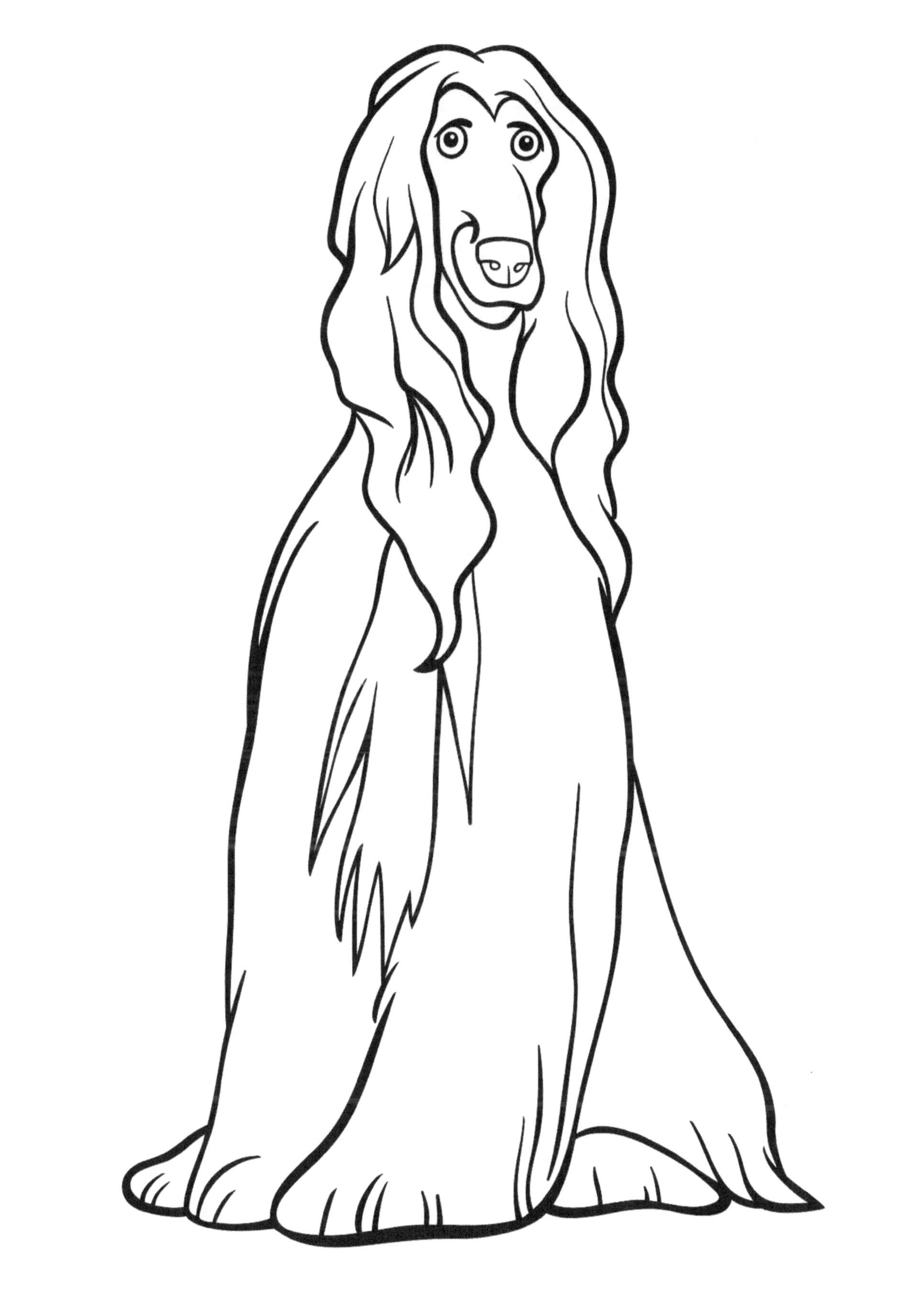

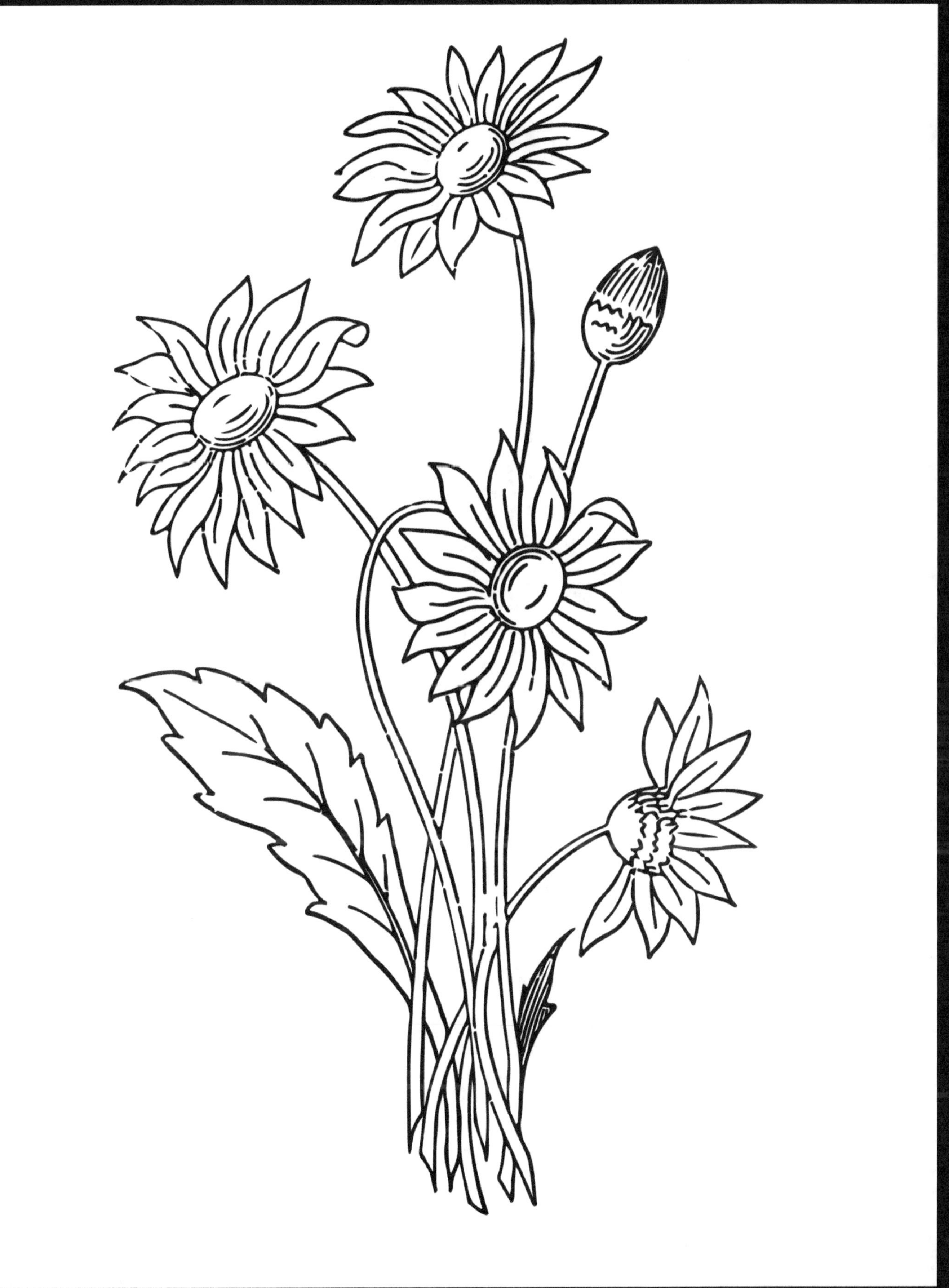

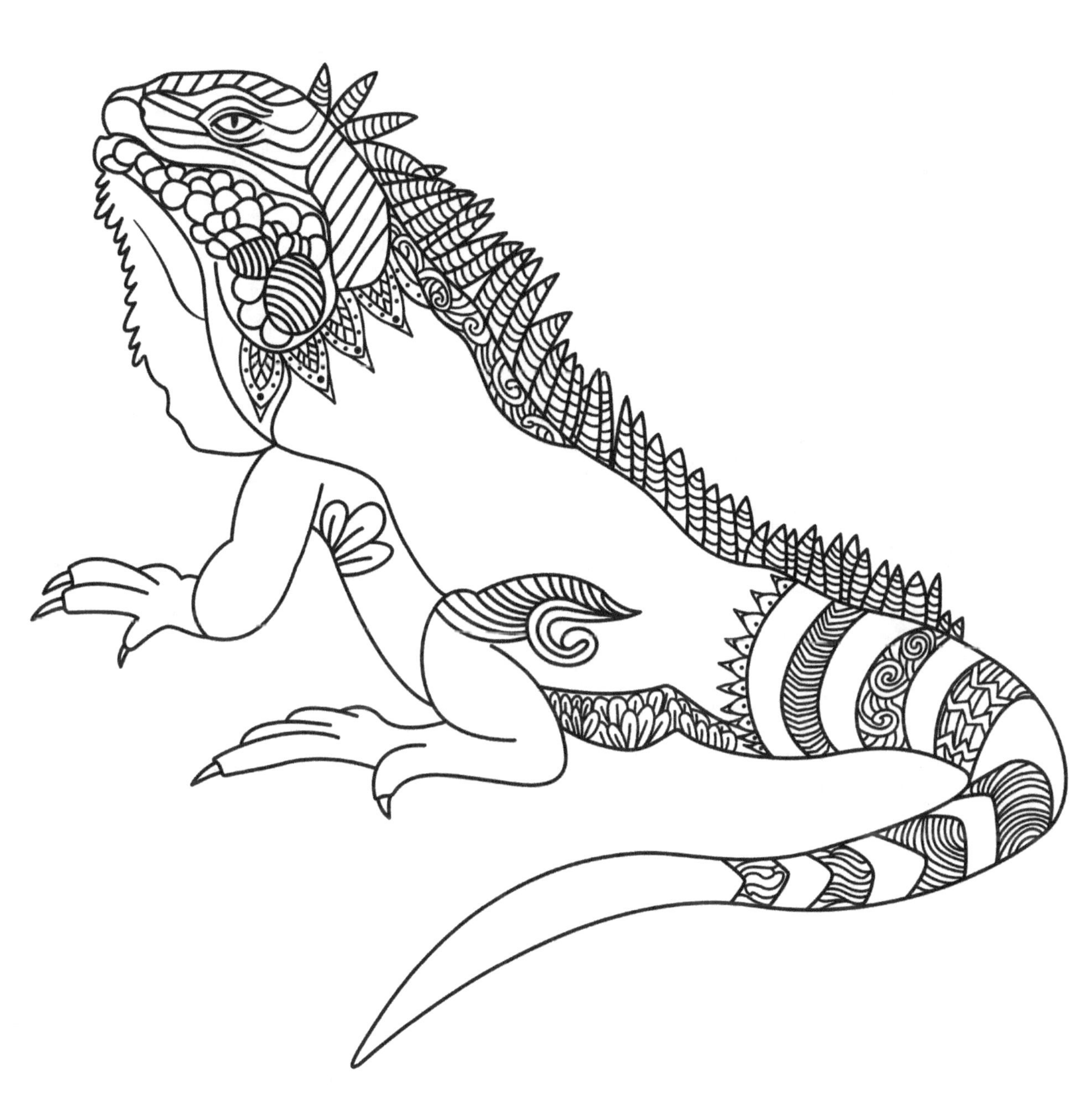

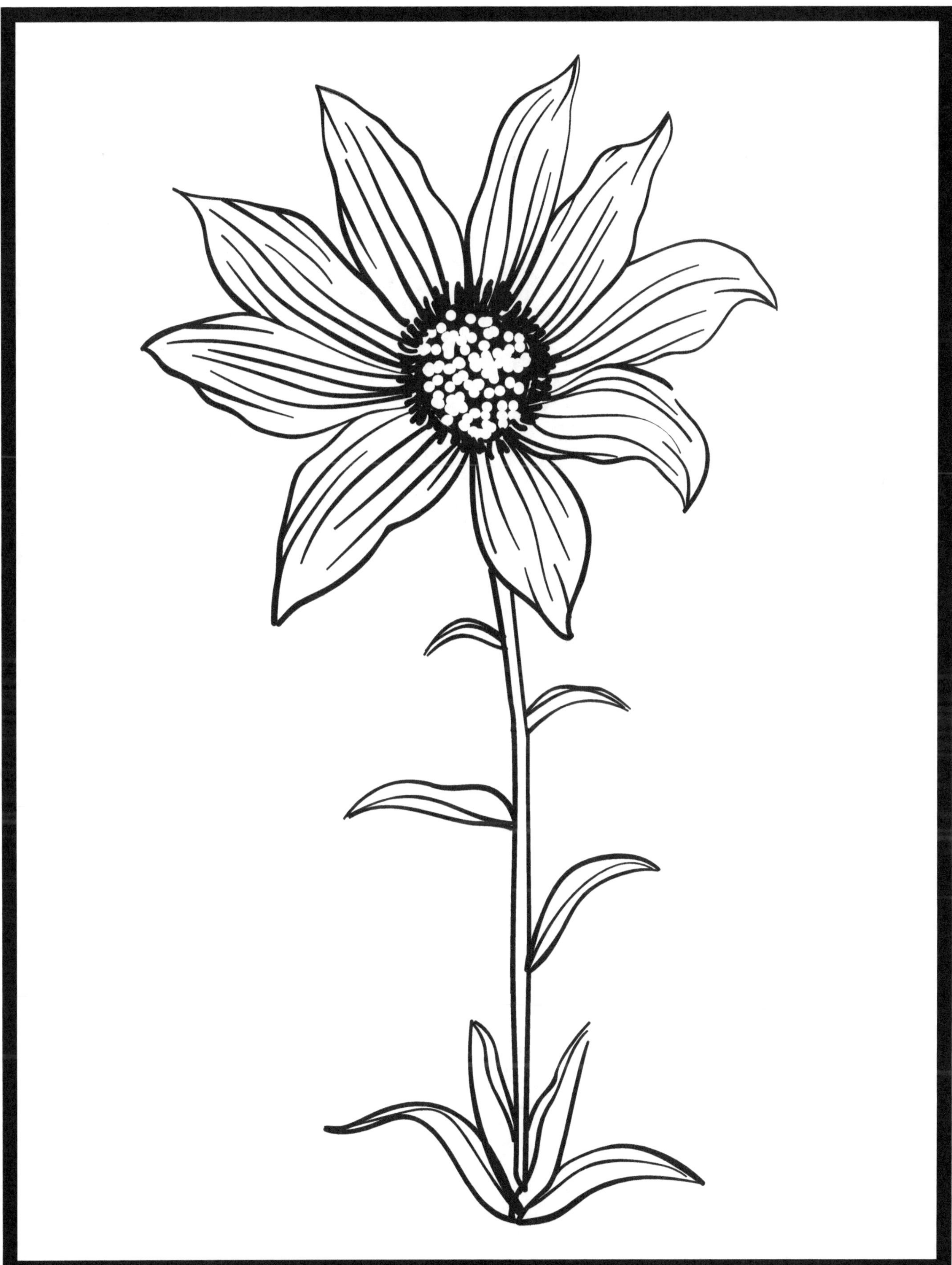

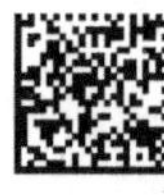